"十二五"国家重点图书出版规划项目

国际减贫与发展丛书
THE INTERNATIONAL POVERTY REDUCTION AND DEVELOPMENT SERIES

包容性发展与减贫

INCLUSIVE DEVELOPMENT AND
POVERTY REDUCTION

主　编　左常升

副主编　黄承伟　何晓军　王小林

社会科学文献出版社
SOCIAL SCIENCES ACADEMIC PRESS (CHINA)

编者的话

2007～2011年，我们已在中国北京成功举办了五届"减贫与发展高层论坛"，来自发展中国家减贫及社会发展相关部门的政府官员与专家学者、国际发展机构、非政府组织、企业的代表数千人次参加过这个论坛。通过举办论坛，各国代表交流分享了发展中国家的成功减贫经验，加强了彼此间在减贫与发展领域的交流合作，加深了相互间的了解，增进了友谊。目前，论坛已经逐步形成机制，于每年10月17日召开，以纪念"国际消除贫困日"。

第六届"减贫与发展高层论坛"，经过广泛讨论，最终选定以"包容性发展和减贫"作为本届论坛主题。围绕论坛主题，我们邀请一些专家学者就相关领域撰文，形成本背景报告。

在此，特别感谢为本报告撰稿的John Taylor教授、黄承伟博士、苏明研究员、李实教授、蔡昉研究员、王美艳博士、贾敬敦研究员、朱立志研究员等，以及对报告进行审校的联合国开发计划署驻华代表处国别主任白桦（Christophe Bahuet）、联合国开发计划署驻华代表处助理国别主任侯新岸、项目官员裴红叶和张琰，中国国际扶贫中心张德亮博士、李琳一博士、刘倩倩博士、梁怡博士和项目官员周梁女士、高睿女士。

目　录

第一章　中等收入国家的不平等现象：分析与

　　　　改善建议 …………………………………………… 1

引言 ……………………………………………………………… 1

一　主要问题 …………………………………………………… 2

二　什么原因造成了中等收入国家的持续

　　不平等现象 ……………………………………………… 8

三　解决中等收入国家的不平等问题：政策、

　　实践与案例研究 ………………………………………… 12

四　减少不平等现象：可供考虑的政策领域……………… 19

五　总结 ………………………………………………………… 30

第二章　中国包容性增长与减贫：进程与主要

　　　　政策 ………………………………………………… 35

引言 ……………………………………………………………… 35

一　中国包容性增长的历程回顾及其主要特征 ……… 36

二　中国推进包容性增长的主要政策…………… 41

　三　中国继续推进包容性增长与减贫的

　　　对策建议………………………………………… 54

　四　几点启示……………………………………… 56

第三章　促进包容性发展的收入分配政策

　　　　——中国的经验…………………………… 59

引言………………………………………………………… 59

　一　包容性发展与收入差距：概念的讨论………… 62

　二　中国收入分配与贫困的变化…………………… 64

　三　中国收入分配政策：从包容性发展角度的

　　　评价………………………………………………… 72

　四　实施更加有助于包容性发展的收入分配

　　　政策………………………………………………… 85

第四章　中国包容性发展与财政政策选择………… 92

引言………………………………………………………… 92

　一　包容性发展的重要性及政府财政的作用……… 93

　二　当前我国运用财政政策支持包容性发展的

　　　现状分析………………………………………… 98

　三　近中期促进我国包容性发展的财政政策

　　　取向与建议……………………………………… 115

第五章　支持包容性发展的人口与就业政策 …………… 132
一　人口政策的内涵、效果和演变 ……………… 132
二　积极的劳动力市场政策及其效果 …………… 138
三　发展阶段变化对政策的新要求 ……………… 145
四　着眼于人口全面发展的政策完善 …………… 150
五　实施更加包容的就业政策 …………………… 156

第六章　支持包容性发展的农村科技创新政策研究 …………… 161
一　包容性发展面临新机遇 ……………………… 161
二　农村发展是包容性发展的基本问题 ………… 167
三　加强科技创新，加快农村发展，促进包容性发展 …………………………………… 172

第七章　支持包容性发展的生态环境政策 …………… 185
引言 ………………………………………………… 185
一　生态脆弱区——中国扶贫攻坚的核心堡垒 …… 187
二　生态建设与减贫——中国的成效与问题 …… 191
三　包容性发展——兼顾生态改善与减贫目标的发展模式 ……………………………………… 199
四　生态减贫——中国突破减贫瓶颈的必然选择 ……………………………………… 202

第一章　中等收入国家的不平等现象：分析与改善建议

John Taylor

伦敦南岸大学

引　言

解决发展中国家，尤其是中等收入国家中不断恶化的不平等问题，被看作是近年来政策方面的重大挑战。决策者和评论家们得出这个结论，是有一些原因的。他们推断，收入不平等现象如果持续下去，会给经济增长带来负面影响，会减少经济增长在扶贫方面的作用，并且还会导致经济的不稳定性，将经济社会置于危险的状态。更普遍地讲，不平等现象的持续会引发金融危机。

就在得出这些结论的同时，包容性发展的概念开始深入人心。包容性发展强调在经济增长的同时，要减少收入不平等和贫困，其目标就是找出适当的政策，通过促进增长和改善收入分配来减贫。并且，从包容性发展更宏观的目标来讲，这些政策还需要解决人力资本的获取和使用等方面的不平等现象，因为包容性发展还要求改善健康和教育方面的问题，要求能减少这两方面的不平等现象。这个问题对于中等收入国家而言非常重要。

本文会介绍一些可以促进包容性更强增长和发展的政策举措。首先会审视中等收入国家中持续的不平等现象，然后讨论有哪些政策可以解决这种不平等现象。其中会谈到某些中等收入国家在某些特定时期的案例研究，这些国家当时在减少不平等现象的同时，保持了经济增长水平和减贫成果。这章的最后会在此基础上得出使用与中等收入国家的结论，开头会概述中等收入国家不平等现象的主要问题。

一　主要问题

问题一：世界上大部分贫困人口来自中等收入国家

世界上大部分贫困人口来自中等收入国家，而非低收入国家。无论我们按照人均收入标准，还是根据多维贫困指数来测量，结果都是如此[1]，并已经过了最新贫困估测的证实[2]。这些表明，如果基于每日 1.25 美元的贫困线，世界上 74% 的贫困人口都居住在中等收入国家；如果基于

---

[1] 这些指数共同组成了多维贫困指数（MPI），联合国开发计划署 2010 年和 2011 年的《人类发展报告》中将这些指数详细地列了出来。
[2] 这些贫困估测可以在 2012 年 Povcal 数据中查到，请参阅世界银行发展数据小组在 Povcalnet 网站上发布的 2012 年数据。

第一章 中等收入国家的不平等现象：分析与改善建议 \ 3

每日2美元的贫困线，世界上79%的贫困人口居住在中等收入国家。在中等收入国家这个层面上，如果以每日2美元的贫困线作为基础，世界上35%的贫困人口来自印度，16%来自中国，还有28%主要集中于尼日利亚、印度尼西亚和巴基斯坦。相反，只有不到1/4的世界贫困人口居住在低收入国家。在预测到2015年的数据时，这种趋势依然会持续下去[①]。

表1 全球贫困分布和贫困发生率的预测，分别基于每日1.25美元和每日2美元的贫困线，2008年

	每日1.25美元贫困线			每日2美元贫困线		
	人数（百万）	占全球贫困人口百分比	贫困发生率（占人口百分比）	人数（百万）	占全球贫困人口百分比	贫困发生率（占人口百分比）
东亚及太平洋地区	265.4	21.5	14.3	614.3	26.1	33.2
东欧及中亚	2.1	0.2	0.5	9.9	0.4	2.4
拉丁美洲及加勒比海地区	35.3	2.9	6.9	67.4	2.9	13.1
中东及北非	8.5	0.7	2.7	43.8	1.9	13.9
南亚	546.5	44.3	36.0	1074.7	45.6	70.9
撒哈拉沙漠以南非洲	376.0	30.5	47.5	547.5	23.2	69.2

① 请参阅 Chandy, Laurence and Geertz, Clifford (2011) "Poverty in Numbers: The Changing State of Global Poverty from 2005 to 2015", The Brookings Institution, Washington D. C.。

续表

	每日1.25美元贫困线			每日2美元贫困线		
	人数（百万）	占全球贫困人口百分比	贫困发生率（占人口百分比）	人数（百万）	占全球贫困人口百分比	贫困发生率（占人口百分比）
低收入国家	316.7	25.7	48.5	486.3	20.6	74.4
中等收入国家	917.1	74.3	19.5	1871.1	79.4	39.7
新中等收入国家（2000年之后）	651.7	52.8	33.4	1266.4	53.7	64.9
中等偏低收入国家	711.6	57.7	30.2	1394.5	59.2	59.1
除去印度中等偏低收入国家	285.6	23.1	23.4	569.4	24.2	46.7
中等偏高收入国家	205.5	16.7	8.7	476.6	20.2	20.3
中国和印度	599.0	48.6	24.3	1219.5	51.7	53.8
PINCIs	785.9	63.7	26.1	1570.0	66.6	52.2
脆弱国家（经合组织）	398.9	32.3	39.9	665.4	28.2	66.6
总计	1233.8	100.0	22.8	2357.5	100.0	43.6

资料来源：此表摘自 Andy Sumner (2012), "Global Poverty and the New Bottom Billion Revisited: Exploring the Paradox that Most of the World's Extreme Poor No Longer Live in The World's Poorest Countries" Working Paper, May 2012. [表中的数据经过 Povcal (2012) 的处理]。注意：Povcal 用线性插值法调整了基准年份。PINICs = 巴基斯坦、印度、尼日利亚、中国和印度尼西亚。脆弱国家 = 经合组织的45个成员国 (2011)，出自 Divided We Stand: Why Inequality Keeps Rising, OECD Paris。

第一章 中等收入国家的不平等现象：分析与改善建议

虽然许多国家变得更加富裕之后，转变成了中等收入国家（或者从中等偏下收入上升到了中等偏上收入国家），

表2 2008年基于每日1.25美元和每日2美元贫困线基础上，贫困人口数量和占总人口比例最高的12个国家
（1990年开始从低收入转向中等收入的国家在表中加灰）

	占世界贫困人口百分比（每日1.25美元）	占世界贫困人口百分比（每日2美元）	国家分类（基于日历年度数据）		每日人均GDP（购买力平价以2005年美元为准）	
	2008	2008	1990	2009	1990	2009
1. 印度	34.5	35.0	低收入国家	中等偏低收入国家	3.4	8.2
2. 中国	14.0	16.7	低收入国家	中等偏高收入国家	3.0	17.0
3. 尼日利亚	8.1	5.4	低收入国家	中等偏低收入国家	3.9	5.6
4. 孟加拉国	6.0	5.3	低收入国家	低收入国家	2.0	3.9
5. 刚果民主共和国	4.5	2.6	低收入国家	低收入国家	1.7	0.8
6. 印度尼西亚	4.2	5.2	低收入国家	中等偏低收入国家	5.5	10.1
7. 巴基斯坦	2.2	3.3	低收入国家	中等偏低收入国家	4.4	6.6
8. 坦桑尼亚	1.4	1.6	低收入国家	低收入国家	2.4	3.4
9. 菲律宾	1.3	1.6	中等偏低收入国家	中等偏低收入国家	7.0	9.2
10. 肯尼亚	1.2	1.1	低收入国家	低收入国家	3.9	3.9
11. 越南	1.1	1.6	低收入国家	中等偏低收入国家	2.5	7.5
12. 乌干达	1.1	0.9	低收入国家	低收入国家	1.5	3.1

资料来源：摘自 Andy Sumner（2012）。此表中的数据经过 Povcal（2012）和 *World Development Indicators 2012* 的处理。

但这些国家中许多的贫困水平还是很高。因此，解决中等收入国家的贫困问题更多地成为了国家问题，因为许多国家取得一定发展后，不再有资格接受国际援助[①]。

问题二：许多中等收入国家的不平等现象在增加

许多中等收入国家的不平等现象不仅居高，还在不断上升[②]。就人均而言，大部分中等收入国家的不平等程度大大超过了经合组织成员国的平均水平，且很多时候人均收入的不平等也在增长。这种现象主要集中在亚洲区域的一些中等收入大国，如下图所示[③]。

表3　某些中等收入国家的基尼系数

国　家	最初年份	最终年份	基尼系数:20世纪90年代	基尼系数:21世纪前10年
中国	1998	2008	32.4	43.4
印度	1993	2010	32.5	37.0
印度尼西亚	1990	2011	29.2	38.9

除了通过人均收入数据来测量不平等现象以外，还有大量证据说明，中等收入国家在其他方面也有持续的不平

---

① 这个结论给发展援助提出了难题。例如，应该施行什么政策，才能最充分地解决这个问题：印度8个州的贫困人口比撒哈拉沙漠以南非洲的26个国家的贫困人口总和还多。
② 例如，在中等偏高收入国家中，南非的基尼系数很高，为63.1，巴西是54.7，哥伦比亚是55.9；在中等偏低收入国家中，安哥拉的基尼系数是58.6，玻利维亚是56.3。这些数据摘自世界银行《2012世界发展指数》。
③ 数据摘自亚洲发展银行（ADB）（2012）*Asian Development Outlook 2012: Confronting Rising Inequality in Asia*, ADB Manila, p.47。

等现象，最显著的是在教育领域（通过最富裕的1/5人口的净入学率来测量）和卫生领域（通过最富裕的1/5人口的婴儿死亡率来测量）①。

问题三：不平等现象可能阻碍发展

原因之一，持续的不平等现象可能对经济增长带来负面影响。一直以来，一定程度的不平等通常被看作有利于刺激投资和增长。然而近年来，人们同样清楚地看到，中等收入国家中持续的不平等现象对增长产生了负面影响，这是因为不平等现象会带来人力资本的分配不当、非可持续的生产和消费形式以及更大风险的不稳定性。越来越多的证据指出，长期的经济增长与更平等的收入分配有着很强的联系，说明长期而言，可持续性和不平等现象的减少可能有很强的相互促进效果②。

原因之二，近年来大家都很清楚地看到，不断加剧的不平等现象是造成金融危机的重要因素，给中等收入国家带来了宏观经济上的不稳定③。

原因之三，现有的不平等现象可能削弱减贫方面的工作。

---

① 详细资料请参阅 ADB（2012）*Asian Development Outlook 2012: Confronting Rising Inequality in Asia*, ADB Manila, p. 47.（2012）以及 OECD（2011）*Divided We Stand: Why Inequality Keeps Rising*, pp. 56 – 57。

② 有关两者的关联，请参阅 Berg, Ostry and Zettelmeyer（2008），"What Makes Growth Sustained?" IMF Working Paper 08/59, IMF, Washington D. C.，也可参阅 Berg, Andrew G. and Ostry, Jonathan D.,（2011），"Inequality and Unsustainable Growth: Two Sides of the Same Coin?", IMF, Washington D. C.。

③ 在这个问题上，请参阅 Joseph E. Stiglitz（2010），*Freefall: America, Free Markets and the Sinking of the World Economy*, Norton, New York；也可参阅 Joseph E. Stiglitz（2012），*The Price of Inequality*, Allen Lane, London。

在某一特定增长速度上,如果不平等现象越严重,减贫的成果就越小。例如中国政府的官方贫困线,从1981年到2001年,如果在同样增长速度的前提下,且农村地区的不平等现象没有加剧,那么中国的贫困人口就低于现在实际数量的1/4——也就是说2001年的贫困率应该是1.5%,而不是8%[①]。

原因之四,持续的不平等现象可能让中等收入国家陷入所谓的"中等收入陷阱[②]"。许多20世纪60年代属于中等收入的国家,在2008年也依然是中等收入国家。只有13个国家跳出了中等收入的陷阱,在2008年成为了高收入国家。很大程度上是因为这些国家一直依赖出口型增长策略,造成了收入分配和资产分配的不平等,而政府的政策又将这种不平等持续了下去。这种分配方式的延续和这些政策一起阻碍了国内市场的发展,也抑制了居民消费的整体增长,而居民消费才是延续可持续增长的基础。

因此,由于不平等现象会给增长的基本面、金融稳定、减贫和可持续性带来潜在的影响,中等收入国家将其看作政策的一个重要方面,这方面的意识也越来越强。

二 什么原因造成了中等收入国家的持续不平等现象

中等收入国家中持续存在着严重的不平等现象,且状

---

① 请参阅 Ravallion, M., and Chen, 2 (2004), *China's (Uneven) Progress Against Poverty*, World Bank Policy Research Working Paper 3408, World Bank, Washington D. C.。
② 详细信息请参阅 Gill and Kharas (2007)。

第一章 中等收入国家的不平等现象：分析与改善建议 \ 9

况还在恶化，那么这背后有哪些主要原因呢？

其中一个主要原因是经济发展的区域性影响，这在中等收入国家呈现出尤其不平均的状态。在那些拥有战略、位置或基础设施优势的区域，发展的利益累积比其他区域要高，导致收入分配随地理位置而改变。与此同时，一些社会或道德方面的弱势群体，主要集中在某些落后区域，加剧了这一现象①。从宏观而言，这种现象普遍存在于城乡收入差距和区域收入差距之中，中等收入国家的区域收入差距在过去10年间不断扩大②。中国和印度就是很好的例子，两国城乡和区域的收入差距扩大了很多③，与此同时，印度尼西亚和越南的不平等现象很大程度上也缘于以上两种收入差距。中国在2002~2007年间，东西部城市的收入差距扩大了25%。将区域不平等现象和城乡不平等现象结合起来，统一计算整体的不平等程度，结果显示中国、越南和印度的不平等程度很高，分别为53%、36%和32%④。近年来，城乡差距唯一没有扩大的中等收入国家是巴西，因为20世纪90年代中期，巴西农村的平均人均收入的增长速度超过了城市。

---

① 有关21世纪初这种"集中"现象和区域弱势的详细讨论，请参阅 World Bank (2006) *World Development Report: Equity and Development*, chapter two, "Inequality with countries: individuals and groups", World Bank, Washington D.C.。

② 有关差距扩大的资料，请参阅 OECD (2011), *Divided We Stand: Why Inequality Keeps Rising*, chapter three, pp. 53 - 55, OECD, Paris。

③ 有关中国情况的详述，请参阅 Li, S., Luo C., (2011), *Introduction to Overview: Income Inequalityand Poverty in China, 2002 - 2007*, CBI Working Paper 2011 - 2010, Department of Economics, University of Western Ontario, Canada。

④ 请参阅 ADB (2012) *Asian Development Outlook 2012: Confronting Rising Inequality in Asia*, p. 70, Manila, 2012。

造成区域不平等现象的一大主要因素，是教育方面持续的不平等现象，这一因素也造成了中等收入国家的收入不平等。虽然目前中等收入国家的小学入学率已经接近了高收入国家，但入学率在不同群体和区域中差距很大；总体来讲，农村地区小学入学率低于城市地区，且女孩在这方面依然是弱势群体。在中学阶段，这种趋势就更加明显。例如2008年，巴基斯坦最富裕的1/5人口在小学净入学率方面，是最贫穷的1/5人口的2倍；就中学净入学率而言，这个倍数上升到了5；大学及大学以上教育而言，倍数攀升到了27。亚洲发展银行（ADB）最近的家庭调查数据显示，在调查所选的8个亚洲地区中等收入国家中，至少20%的收入不平等现象是由教育不平等造成的[1]。并且1995~2007年间[2]在所有亚洲中等收入国家中，越来越多的不平等现象是由国民教育程度差距所造成的，中国的数据上涨很大，从8.1%涨到了26.5%。

收入不平等的增长也有可能与技术发展相关，由于技术的发展需要更有技术的劳动力，技术强的工人和技术弱的工人之间就拉开了工资差距，由此影响到收入分配。同时，正规员工和合同工之间的收入差距也在不断增加。近年来，中等收入国家收入不平等现象的增长速度有明显的上升：中国最富裕的1/10人口的收入是其最贫困1/10人

---

[1] 调查所选国家分别是中国、印度、印度尼西亚、巴基斯坦、越南、菲律宾、不丹和泰国。数据来源请参阅 WB World Development Indicators 2011, table 2.15, *Education Gaps by Income and Gender*。

[2] 请参阅上述 ADB（2012）文献16, p.65。

第一章 中等收入国家的不平等现象：分析与改善建议

口的 5~6 倍；而印度则为 12 倍（与 20 世纪 90 年代相比翻了一番），南非为 26 倍[①]。

在收入不平等的同时，从 20 世纪 90 年代早期开始，劳动收入所占的比例相比资本收入大大削减，所有的中等收入国家在这一时期都是如此[②]。其中一个（比较明显）原因是，一些中等收入国家的技术革新提升了生产率（因此资本相对于劳动力有了更高的回报）；但这还因为 2008 年的金融危机给不同的经济团体带来了不同的影响；也因为目前流行的"寻租"行为[③]——这种行为受到政府支持，政府出台政策来降低财务、资本收益和利润的税收，让一些有钱人获取超出其应得的利益。例如，在中国，近年来不平等现象受到 2001 年之后出口大增长的推动，出口的大增长又让大量利润流向了投机性质的房地产泡沫中，由于中国很少限制这些领域的资本流动，这一过程变得非常容易。

虽然平均水平在整体上有了改善，但中等收入国家在获取卫生设施方面还存在着明显的不平等现象。最能反映这种情况的，要属按财富划分的每个 1/5 人口群体的婴儿死亡率和城乡死亡率。在亚洲所有的中等收入国家，最穷的 1/5 人口和农村人口的死亡率都比其他人口群体高[④]。卫生设施的获取依然不平等。例如，最近（2008）的一项评估发现，在中国 11 个

[①] 请参阅 OECD（2011），*Divided We Stand：Why Inequality Keeps Rising*，OECD，Paris，pp. 57-59。

[②] 请参阅上述 ADB（2012）文献 16，p. 66。

[③] 这种"寻租"行为有很多种形式：隐藏或公开的政府转移、减少市场竞争的补贴或法律、松懈执行有关竞争的法律，以及允许组织转移成本的法令。

[④] 请参阅上述 ADB（2012）文献 16，p. 56。

省的贫困家庭里，57.9%的调查人口由于经济困难，疾病得不到医治[①]。同样，最近（2009）另外一项有关贫困村庄的调查发现，在返贫的家庭中，43.8%的家庭由于卫生花费而返贫[②]。几个中等收入大国的卫生支出水平低于所有中等收入国家的平均值：GDP 的 5.7%，印度和印度尼西亚分别是 4.1% 和 2.6%。这一现象同样可以从人均支出（购买力平价）中反映出来，中等收入国家在这方面的平均数据是 369 美元，而印度和印度尼西亚分别是 132 美元和 112 美元[③]。

三 解决中等收入国家的不平等问题：政策、实践与案例研究

为了找出相关的政策来解决不断恶化的不平等问题，有必要简要谈谈已经在改善不平等现象方面取得成功的中等收入国家，并找出它们成功的原因。

在 20 世纪 80 年代和 90 年代早期，拉丁美洲许多国家的收入不平等有所上升。然而，从 90 年代中期开始，尤其是 21 世纪的前 10 年，收入不平等有所下降——同时，其他中等收入国家的收入不平等却在增加。需要指出的是，虽然有所下降，不平等程度依然很高。但这种大规模的下降依然值得我们仔细研究。

[①] 请参阅 Li Xiaoyun,（2010），*China：Rural Statistics 2010*，China Agricultural Press，Beijing。
[②] 请参阅上述文献 Li Xiaoyun（2012），24。
[③] （2010 年的）数据摘自 World Bank（2012），*World Development Indicators 2012*，Table 216，pp. 100 - 102。

不平等程度的改变由人均收入来进行测量，在基尼系数中有详细规定。具体情况如图1。

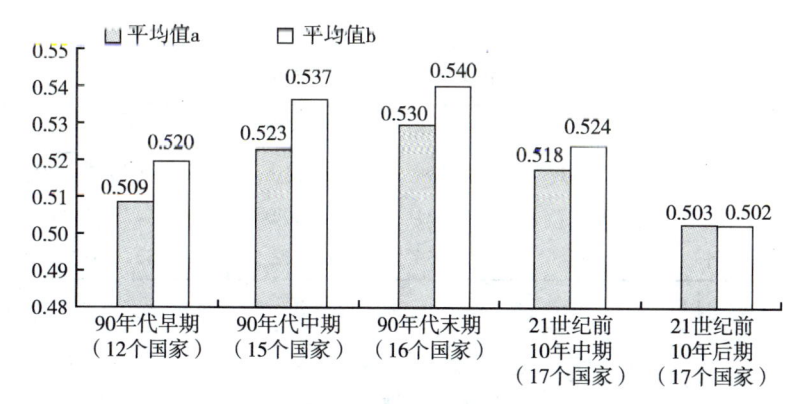

图1　20世纪90年代~21世纪前10年，拉丁美洲的不平等程度（基尼系数）

说明：以上平均值均为加权平均数，平均值a包括所有国家，平均值b只包括21世纪前10年不平等程度降低的国家。

资料来源：Lustig, N., et al. (2011), "The Decline in Inequality in Latin America: How Much, Since, When and Why", Working Paper, No. 118. Tulane University, Canada, Figure 2。

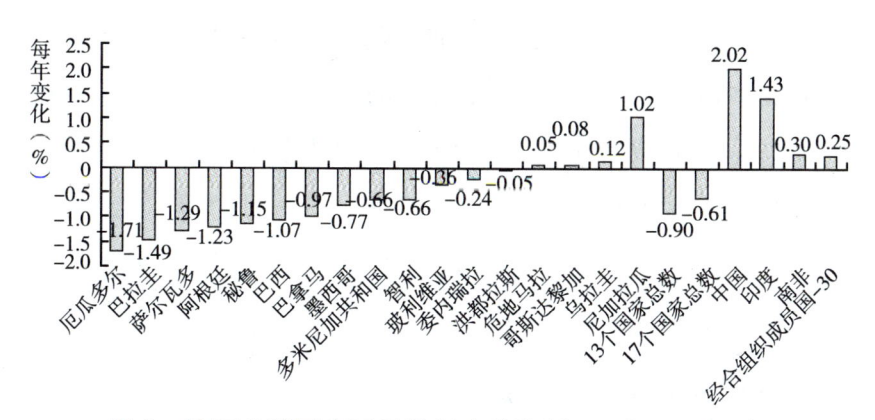

图2　拉丁美洲国家不平等程度的降低：2000~2009年（每年变化的百分比用基尼系数表示）

说明：该表摘自Nora Lustig (2011), "Markets, the State and Inclusive Growth in Latin America: Argentina, Brazil, Mexico and Peru", UNDP。

不平等程度下降最为明显的是阿根廷和巴西，智利也很明显，如表4。

表4 所选拉丁美洲国家的基尼系数*

基尼系数	1990年	2002年	2006年	2010年
阿根廷	0.501	0.590	0.510	0.445
巴 西	0.627	0.621	0.602	0.547(2009)
智 利	0.554	0.550	0.522	0.521(2009)

* 数据摘自 World Bank，*World Development Indicators*，每年数据对应每年的指数报告。

是什么原因促成了这些国家不平等程度的下降呢？

对于整个拉丁美洲而言，外部的贸易环境无疑变得更有利。从21世纪开始，中国和其他亚洲国家的发展对于进出口都产生了很大影响。地区出口占GDP的比例在1995~2007年间，从13%涨到了26%，主要受益于物价的大幅上涨。另外，外部融资变得更加容易，2004~2007，拉丁美洲的资本流入大幅增加，最明显的是投资组合大量流入私有板块，地区股票市场的股份和证券投资有了长足发展[①]。以上两个因素促进了经济的强劲恢复，拉丁美洲许多国家在21世纪前10年的增长速度都有所提升（巴西目前GDP

---

① 例如，2004~2007年，七大地区经济体的股市资本化价值翻了两番。关于此趋势的更多信息，请参阅 Cornia, Giovanni Andrea (2009), "What explains the recent decline of income inequality in Latin America", draft paper presented to a Conference on the Impact of the Financial Crisis in India, Tata Institute of Social Sciences, Mumbai, March 2009，也可以参阅 Ocampo, Jose Antonio (2007), "The Latin American Boom", *Revista de Ciencia Politica*, Vol. 28, No. 1, pp. 7 – 33。

的增长速度为 7.2%，阿根廷为 9.2%）①。这为减贫和减少不平等现象创造了有利环境，但我们更关心的是这段时期内，这些成功的国家都发生了什么事情。这个问题可以通过简要审视阿根廷和巴西的经验而加以理解。

就阿根廷而言，许多分析家都认为，家庭人均收入不平等程度减少的主要原因是劳动力（挣钱）收入不平等的改善，不平等程度的减少中，有 70% 可以归结于这个原因。这似乎因为更多的失业人士随着阿根廷的加速发展而有机会入学接受教育；同时通过更注重工人的技术培训，使得技术工人在整个劳动力中所占的比例提高（由此减少了 90 年代盛行的"技术溢价"，当时只有少数有技术的工人有这个优势）；还因为国内工会的影响力越来越大。然而同样重要的，是国家大力投入的减贫计划——特别是实施了大型的现金定向转移计划，其中最著名的是 2002 年后推出的 *Jefes y Jefas de Hogar Desocupados*（帮助失业的当家做主的女性和男性）计划②。这个计划主要向女性当家做主的家庭转移现金，作为回报，该女性需在小企业工作，或是接受教育和职业训练，也可以为社区项目工作。这个计划覆盖了 200 万人口，占到全国预算的 5%。根据联合国开发计划署估测，该计划大力促进了国内减贫工作的快速发展，贫困率从 2002 年的 9.9% 下降到了 2005 年的 4.5%。

---

① 请参阅 World Bank (2012), *World Development Indicators*, Washington D.C., 2012。
② 有关计划及其实施的详细情况，请参阅 Kostzer, Daniel (2008), Argentina: A Case Study on the *Plan Jefes y Jefas de Hogar Desocupados*, 也可参阅 the Employment Road to Economic Recovery, UNDP Buenos Aires。

巴西和阿根廷有一些相同的促进因素，例如，工资不平等的降低，但与阿根廷不同的是，工资不平等的降低更多与教育不平等程度的减少相关，特别是初级和中级教育。例如，整体的教育不平等程度从2002年中期的0.45下降到了2007年中期的0.441。区域性不平等似乎也因为大城市和小城市工资差距的缩小而下降①。公共转移也非常重要，其作用主要通过提高定向有条件现金转移和现金转移计划覆盖面而显现出来，主要的现金转移计划有广为人知的 *Bolsa Familia* and *Beneficio de Prestacao Continuada*（巴西养老金计划）。

巴西和阿根廷都有一些共同的促进因素。

在21世纪最初几年，有技术的工人占整个劳动力的比例开始上升，高于90年代的水平，因此技术溢价开始跌落，收入不平等也开始下降。但最重要的是，这个过程由于缺乏技术工人的教育有所升级而得以加强。我们清楚地看到，改善教育的可及性可以减少教育不平等程度，并由此减少收入不平等程度。

现金转移在解决不平等程度方面也发挥了很大作用。例如，在2000~2007年间，阿根廷的财政政策更注重再分配问题，因此将市场收入基尼系数减少了4.8个百分点。如果将非现金转移（公共教育和公共卫生的推算值）包括在计算中，阿根廷财政政策实际上将净市场收入基尼系数

---

① 例如，大城市和小城市工资的差距从2000年的26%下降到了2007年的19.4%。请参阅 Nora Lustig（2011），"Markets, the State and Inclusive Growth in Latin America: Argentina, Brazil, Mexico and Peru", UNDP, 2011, p.14。

减少了 12.8%①。另外，现金转移也将赤贫率减少了 63%②。同样的结论也可以从巴西的现金转移计划中得出：例如，2006 年的一项调查分析了 2000～2006 年间巴西不平等程度的减少，结论是不平等程度减少的 1/3 都可以归因于政府的现金转移（养老计划和 Bolsa Familia 计划）。

以穷人为目标的大规模现金转移得到了大量使用，这也依赖于社会开支结构的增加和变化。从 90 年代中期开始，拉丁美洲国家的整体社会支出水平都在上升，巴西和阿根廷的社会支出占 GDP 比例已经达到了 15%～20%，这个数据与经合组织成员国的水平接近。在这一增长过程中，支出的结构变化很重要，支出的增长主要集中在社会保险、社会救助和教育等领域③。

最后还需要提及的是，税收政策方面也发生了根本的改变，特别是从 2002 年以后，税收政策带来的收入促进了现金转移计划的发展。这些政策变化是整个拉丁美洲的特点，中央政府的税收和非税收收入在 1990～2000 年间，从 15% 上升到了 17%，2007 年达到了 20.2%。巴西和阿根廷尤为明显，2002～2007 年间上涨了 9%。虽然这种上涨很大程度上是因为大家所谓的"意外之财"，也就是说

---

① 请参阅 Nora Lustig（2011），"Fiscal Policy and Income Redistribution in Latin America: Challenging the Conventional Wisdom"，*Society for the Study of Economic Inequality*，November，2011，p. 23。

② 请参阅 Cornia, Giovanni Andrea（2009），"What explains the recent decline of income inequality in Latin America? draft paper presented to a Conference on the Impact of the Financial Crisis in India, Tata Institute of Social Sciences, Mumbai, March 2009。

③ 通过图解得知，在此期间只有厄瓜多尔 2004～2005 年的社会支出占 GDP 比例低于 1990～1991 年的水平。

税收增长是因为全球物价上涨；但应该还有其他原因，比如税基的扩大、直接税（如个人税和公司税）和间接税（一般指增值税）的增加，以及为减少逃税现象而做出的努力。截至2006年，巴西和阿根廷的税收水平已经接近日本和美国等经合组织成员国。这种收入的增长与削减外债共存，阿根廷和巴西都向国际货币基金组织偿还了大笔债务。

在审视了这两个拉丁美洲国家于21世纪前10年的案例后，我们有证据得出以下结论：在一定条件下，合理的GDP增长，不平等现象的减少以及减贫是可以同时取得的目标。同时取得这三个目标，能满足包容性相对较强的增长模式（麦金利对此下过定义）的要求[1]。如果在其中再加入减少教育不平等性这一目标，就可以开始向着包容性更强的增长模式（坎波尔等人对此下过定义[2]）迈进。

基于对拉丁美洲中等收入国家的评估，再引入其他中等收入国家中增长—不平等—贫困三者相互联系的结论，究竟在哪些政策领域可以进行某些改变，来解决目前中等收入国家中普遍的不平等现象，且达到一种包容性更强的增长发展模式？

---

[1] 请参阅 McKinley, Terry (2010), "Inclusive Growth Criteria and Indicators: An Inclusive Growth Index for Diagnosis of Country Progress", Asian Development Bank, Sustainable Development Working Paper 14, Manila。

[2] 请参阅 Kanbur, Ravi and Raunyar, Ganesh (2009), "Conceptualizing Inclusive Development: With Applications to Rural Infrastructure and development Assistance", Asian Development Bank, Occasional Paper No.7, Section Ⅱ "What is Inclusive Development?" ADB Manila。

四 减少不平等现象：可供考虑的政策领域

解决区域性不平等

之前提到的一些有关中等收入国家的案例研究强调了区域差距对持续不平等现象的促成作用。另外从更宏观的角度来看，最近亚洲发展银行的一项研究表明，在亚洲地区，30%～50%的收入不平等都是由不平衡的增长造成的[1]。成功地解决区域性不平等现象似乎与从中等收入国家发展成高收入国家息息相关[2]。随着国家的发展，地区性差距会逐渐消失，与福利相比更是如此。一项（2009年）世界银行研究将每个研究国分为了五片区域，测量了每个区域福利差距；孟加拉和柬埔寨的人均GDP都低于300美元（2000年的数据），两国最富有地区和最贫困地区的福利差距分别为89%和73%；对于哥伦比亚和泰国（两国人均GDP均为2000美元）而言，两国的差距相仿，接近50%；对于加拿大（人均GDP为20000美元）而言，这个差距低于25%[3]。

解决这种区域性的不平等现象有一个很明显的问题，那就是每个中等收入国家的这种不平等现象及其原因都有

---

[1] 请参阅 Asian Development Bank (2012), *Asian Development Outlook*, Manila, p. 74。
[2] 有关证据请参阅 World Bank (2009), *World Development Report 2009: Reshaping Economic Geography*, World Bank, Washington D. C.。
[3] 请参阅 World Bank (2009), *World Development Report 2009: Reshaping Economic Geography*, World Bank, Washington D. C., pp. 88-89。

很大的不同。例如，印度国内的差距反映出的是各个州之间不平衡的发展；中国的不平等现象则更多滋生于各省之间的差距；南非由于之前受到种族隔离的影响，地区性的鸿沟很大程度上与道德和种族的不平等相关。众所周知，若是在本来就有资源禀赋优势的地区，发展出口型生产区，那么区域性不平等现象就会加剧，这一点在20世纪七八十年代的拉丁美洲以及90年代的中国都很明显。劣势地区的一些主要特征包括低水平的人力资本、基础设施、社会和公共服务的可及性。为解决这些问题，有两个方面尤为重要：从富裕区域到贫困区域的财政转移以及制订出有实际意义的区域增长战略。中等收入国家在这里应该关注的，当然是中国政府的西部大开发战略。不少研究表明，这个2000年出台的战略促进了其所覆盖的11个省的加速增长，并从2004年起促进了不平等现象的减少[1]。西部大开发战略着重点在于主要区域的基础设施开发（例如电力、交通和通信），但其中心是大量从中央政府的财政转移，为随即而来的外国直接投资创造有利条件。在20世纪70年代，马来西亚开始通过财政转移来解决各州不断攀升的贫困率，主要针对的是健康和教育领域，到80年代初期，贫困率最高和最低的省份之间的差距已经从60%下降到了18%[2]。在

---

[1] 最出名的相关文献：Fan, S., R. Kanbur and X. Zhang, (2011), "China's Regional Disparities: Experience and Policy", *Review of Development Finance*, 1（1），pp. 47-56. 也可参阅 Fan, S., R. Kanbur and X. Zhang (eds.) (2009), *Regional Inequality in China: Trends, Explanations and Policy Responses*. London and New York: Routledge, Taylor and Francis Group.

[2] 数据摘自2008年马来西亚经济规划部，在 World Bank (2009), *World Development Report 2009: Reshaping Economic Geography*, Washington D. C., p. 27 中被引用。

另外一些重要案例中，一些中等收入国家通过特定的福利计划，基于形式不断变化的财政转移，来重点解决区域性不平等问题。例如，在卫生领域，印度尼西亚各省平均学习水平的变差系数从1971年的0.43下降到了2000年的0.15①。同样，泰国最发达和最不发达地区的婴儿死亡率差距在1980年为6%，在2000年降到了0.7%，这些都归功于定向的财政转移②。

解决卫生和教育领域的不平等现象

正如之前提到的，政府在卫生和教育方面的支出可以帮助减少这两个领域内的不平等程度。除了之前已经概述的内容，最近有一个对比小组估测了150个国家在1970~2001年间的状况，得出结论：在教育和卫生方面加大投入，可以大幅降低基尼系数③。这个结论与巴西和阿根廷的案例研究结果相一致。印度、中国和印度尼西亚在教育方面的投入仅占总支出的4%，卫生方面仅占5%（经合组织国家的平均水平分别是5.2%和9.4%），

---

① 请参阅 Hill, H., Resosudarmo, B., Vidyattama, Y., (2007), "Indonesia's Changing Economic Geography", Working Papers in Economics and Development Studies, 2007 – 13, Bandung, Indonesia。
② 请参阅 Wisaweisuan, N., (2009), "Spatial Disparities in Thailand: Does Government Policy Aggravate or Alleviate the Problem", in *Reshaping Economic Geography in East Asia*, Yukon Huang and Alessandro Magnoli Bocchi, World Bank, Washington D.C.。
③ 请参阅 Claus, Iris, Martinez-Vazquez, Jorge, Vulovic, Violetta, Government Fiscal Policies and Redistribution in Asian Countries, International Center for Public Policy Working Paper 12 – 13, *Andrew Young School of Policy Studies*, Georgia State University. 请注意，这篇文献也说明，虽然亚洲在教育上的投入减少了不平等程度，甚至比世界上其他地区的作用还好，但在卫生投入方面，亚洲的不平等减少的效果不如世界其他地区（见文献第25页）。

因此有必要提高中等收入国家在这两个领域的投入——鉴于这些国家近期的快速发展，这也是可以实现的。然而这里最主要的问题是目标人群——即使卫生和教育方面的设施齐全，贫困家庭也可能负担不起。因此诸如有条件现金转移这种计划就非常重要，巴西和阿根廷的案例也说明了这点，两国通过改善贫困家庭成员的入学率而取得了很大的成功。

有条件现金转移（CCT）计划在其他中等收入国家也得到了实施，比如南非、尼日利亚和印度尼西亚，但中国和印度在这方面依然还未大规模实施[1]。但有必要提到，虽然大家对 CCT 的热情很高——它达到贫困户的能力很强，能在短期减少不平等现象，但它是否能在长期内持续地改善卫生状况，还有待证明。例如，虽然 CCT 让更多贫困家庭的儿童可以上医院看病，但不一定就能改善儿童的营养水平[2]。此外，最近有数据显示，在某些情况下，诸如孟加拉的 CCT，使用的目标定向标准实际上排除了贫困人口中很大一部分人群[3]。这一方面应该有所改善，应基于多维贫困指数来指定更广泛的目标定向标准，加纳近期实施 CCT 来刺激初级教育入学率时，就运用了这点。

---

[1] 中国的"低保"方案是一种基本的现金转移，没有条件限制，唯一条件就是接受人非常贫困。
[2] 请参阅 Ariel Fiszbein and Norbert Schady（2009），*Conditional Cash Transfers*: *Reducing Present and Future Poverty*, World Bank Policy Research Report, Washington D. C.。
[3] 关于此事的更多数据，请参阅 Rachel Slater and John Farrington（2009），*Cash Transfers*: *Targeting*, ODI Project Briefing, Overseas Development Institute, London。

财政政策的改变

解决区域性不平等现象以及人力资本不平等,可能给政府支出施加很大压力,因此有必要增加收入来资助这两个任务,并为社会保障体系提供资金。下面对此进行分析评估。为了增加收入,中等收入国家需要对财政政策进行大规模改变,正如巴西和阿根廷的案例中所述。这里的主要问题是如何在保证增长的同时改善再分配问题,并由此来减少不平等现象。巴西的案例着重强调了简化税收的重要性,以及扩大税基,更多地包括非正式板块的重要性。拉丁美洲国家的案例也为相关的中等收入国家提供了可参照的例子,特别是将个人所得税、财产税的收入和消费税的收入平衡起来。达到消费税和所得税的平衡后,就可以让税收变得更先进,并由此减少收入不平等现象。这种情况在印度这个中等收入国家尤为明显,在印度,交付个人所得税的人口比例保持低位——近年来在2%~3%。很明显,税收方面的改变——比如纳入非正式板块,解决逃税问题以及推行更先进的税收系统——都可以增加收入并减少收入不平等。但这里的问题是,要成功地实施这些税收变化需要一段时间,并常常会受到政治方面的阻碍——特别是一些依靠资源发展的中等收入国家,它们如果依靠增加原材料出口板块的税收,可以在短期内更快地增加收入。鉴于时间上的限制,除了CCT之外,短期内能够更全面地解决不平等问题的,就只有定向明确的社会福利和社会保护方案了。

改善社会保护

已有不少数据表明，社会保护方案在减少不平等现象中是至关重要的。社会保护方案在满足贫困家庭的需求和解决过渡性贫困方面起到了很大作用，但许多中等收入国家的社会保护覆盖面和支出都远远少于高收入国家。

诸如巴西和俄罗斯等，中等收入国家将GDP的15%~20%花在了社会保护方案上，但印度和中国等国家在这方面的支出却非常少，近年来的平均值在5%~7%。相反，经合组织成员国在2007年，将GDP的20%都花在了社会保护方案上[①]。

不同中等收入国家的社会保护覆盖面也不一样。例如，巴西有一项全面的社会保险方案，资金来源是个人缴纳款项，这个方案覆盖了养老金、孕产妇保险、残疾险和工伤险，与此同时，巴西还有失业保险。相比之下，印度社会保护的覆盖面非常有限，只为工资较高的员工提供一定程度的医疗保险和产妇津贴，覆盖人数总共只有900万。除了政府经营的少量个人缴款社保方案外，印度的就业计划和基本食物补贴都非常有限。

中等收入国家的失业方案普遍把重点放在基本遣散费上，而给予现有失业保险的支持很低。对失业保险的支持有限，其中一个原因是，就业率集中在一些不支付最低失

---

① 数据摘自OECD（2011），*Divided We Stand: Why Inequality Keeps Rising*, OECD, Paris。

业保险费的公司，还有公司拒绝支付遣散费①。一些中等收入国家的合格标准也异常高。例如，在印度，工人们在开始领取保险之前，至少要缴纳五年的费用。在总就业人数中，领取保险的人数所占的比例很低，仅占10%，南非和中国就是很好的例子②。

除了先前提到的有条件现金转移外，中等收入国家还有一些其他的非个人支付计划，比如食物、市政工程、劳动力和创造就业等计划。众所周知，印度有着世界上最大的市政工程计划，覆盖了大约10%的劳动力。还有一个例子是印度尼西亚，2000~2006年间，其创造的就业计划为约5%的劳动力提供了工作③。

在审视如何改善社会保护计划时，我们就已经概述过CCT的作用及其在使教育更平等方面起到的作用。然而社会保护方面还存在着另外一个主要问题，即有关就业和失业的政策。

中等收入国家如果要将其失业补偿金方案的覆盖面扩大到目前高收入国家的水平，还需要更长一段时间，因为这需要大量的资金支出，并且随着政府合并在非正式（和移民）板块工作的大量工人，问题也会随之产生。正如之

---

① 例如，在印度尼西亚（2008），有权领取遣散费的工人中只有34%的人在失业后领到了这笔费用，在这些人中，大部分人领取的金额比应得的金额要少。请参阅 World Bank（2010），*Indonesia Jobs Report*: *Towards Better Jobs and Security for All*, Washington D. C.。
② 请参阅 OECD（2011），*Divided We Stand*: *Why Inequality Keeps Rising*, p. 60, OECD, Paris。
③ 请参阅 World Bank（2010），*Indonesia Jobs Report*: *Towards Better Jobs and Security for All*, Washington D. C.。

前提及的，巴西有着相对慷慨的失业补偿金计划，其覆盖面也比较广。其他中等收入国家也应该参考巴西的经验，其中最明显的是其计划的针对性：补偿针对的是被不公平地解雇的工人，或是因工厂倒闭而失业的工人。该计划也侧重最需要这项计划的家庭里的工人——基于解雇时对工人可用资金的评估。另外，持续的支持是有条件的，失业人员必须证明自己在努力找工作。对于社会支出有限，但又想扩大其失业补偿金计划的中等收入国家而言，这种做法似乎可以作为参考。一旦建立起来，合格标准可以逐渐放宽，但在最初的年份里，巴西的做法可能更合适。

对于社会保护和就业，最低工资政策是非常重要的，主要是因为将收入再分配到工资底层的工人，可以缩小收入差距，并（有可能）刺激需求。在巴西和阿根廷的案例中，在正式板块中确保了最低工资后，非正式板块也同样适用。目前，在中等收入大国中，最低工资政策的覆盖面还比较狭窄，印度和中国的最低工资线，相比其他中等收入国家和高收入国家本来就很低：例如，印度的最低工资线约为国内平均工资的21%；中国则为24%。这些数据基本上都属于城市板块，所以对于非正式板块基本没什么影响，与农村板块也基本不相关。鉴于目前两国的不平等程度很高，以及再分配能够对此带来的影响，提升最低工资线很明显是非常必要的。

到目前为止，我们已经提出了几种可以改善社会保护计划的方法，主要侧重于几个特定的计划。但目前中等收入国家的一个重点问题是，许多已经实施的计划都太分散，很少有合作或协调。总体来讲，社会保险和社会援助之间很少有合作，在计划内部也很少有相互的协调。例如，就养老金板块而言，对于不同的人群，通常会有不同但又相互重复的未经协调的计划，比如农村板块的工人，公有板块和私有板块的工人等人群。因此，政府应该考虑减少这种分散性，提高一体化和和谐程度[①]。这样可以改善社会保护的效率和整体功能。例如，将医疗保险和养老金计划结合起来，就可以激励人们为将来存钱；将长期的积蓄和失业津贴结合起来，就可以在经济萧条时更好地保护工人；将一些计划结合在一起，也可以节约稀缺资源，融资和管理方面也更高效。

中等收入国家的各个社会保护计划之间的合作和协调，可以通过发展水平和个人计划覆盖面表现出来，也可以通过计划间的协调和一体化程度表现出来。最初可以将一些目标一致的计划整合在一起。在此基础上，还可以因为有相同的授权、所用的工具，融资机制和制度安排，在更广的范围内协调众多计划。总的来说，目的就是要通过提高包容性来促进计划间的协调，并由此有可能提高保险的公平性。因此提高协调对于大部分中等收入国家而言都是有益的，即使这些国家的社会保护水平大不相同。这一点可以通过印度和中国的例子来加以证明。

[①] 这些问题在文献 David A. Robalino, Laura Rawlings, Ian Walker (2012), *Building Social Protection and Labor Systems: Concepts and Operational Implications*, Social Protection and Labor Discussion Paper, No. 1202, World Bank, Washington D. C. 中有详述。下面的讨论也借鉴了此文献的一些结论。

众所周知，印度的社会保护覆盖面很低，主要集中在解决长期贫困问题上。其主要通过食物计划和基本支持等，针对农村人群进行覆盖。例如，印度政府每年花 GDP 的 2% 在社会保护计划上，其中的 50% 又花在了提供食物和燃料补助上。政府实施的其他社会保护计划都非常有限，一般提供农村住房、学校用餐和医保补助等支持。这些计划总体来讲都是互不相关的，相互之间很少有合作或协调。在这种情况下，提高一体化程度可以带来更高效的系统，这样可以扩大覆盖面。例如，设计并引入一个整体的现金转移计划可以带来好处，在此基础上可以开展其他的计划，比如，通过基于政府补助长期储蓄的医疗保险，而开展低收入工人的养老金计划。为现金转移和储蓄计划的受益人提供小额贷款，这也可以和以上计划联系起来。近年来，印度政府似乎正在走上这条道路，它更多地关注现金支持，而非以食物为基础的方案。印度政府可能将现金转移计划和已经存在的养老金计划结合在一起，加强这些领域的联系，为现金转移的受益人提供市政工程计划中的工作。

相比印度，中国的社会保护计划有更广的覆盖面和范围，在养老金、医疗保险、失业保险，低保和教育补助方面都是如此。但是这些计划的覆盖面和数量在城乡地区、各省之间的差异很大，在最需要这些计划的人群中，也有一些差异。例如，2010 年城市低保比农村低保高出了一倍多；养老金水平在农村地区也比较低，而且各市之间的水平也不一样；目前在中国盛行的户口体制限制了农民工的社会资源和福利。众所周知，要解决这些问题，社会保护需要变得更公平、转移性更高，通过改善不同计划间的协调和一体化程度，可以促进这个目标的实现。中国目前有不同的医疗保障系统来覆盖经济困难的城市职工、城市失业人员和城市、农村居民。这些系统设计都是分开的，各自的监管系统也相互独立，并且只覆盖了全国1500万农民工的29%。在这种情况下，很明显需要更高的和谐程度和更广阔的覆盖面，这不仅可以促成更有效的管理，还可以解决由于户口体制带来的不平等现象。同样，在养老金方面，城市居民享用多种方案，农村地区政府支付基本养老金（各地区的标准不同）。目前只有1/4的农民工享有养老保险（城市职工的覆盖率是80%），农村职工中只有35%的人参保[1]。中国有许多不同的养老金方案针对各种人群——国企、事业单位员工、公务员，城市、农村居民和农民工。这些都是分割开来的，没有考虑到人员可能在不同板块移动。工人薪酬方面似乎也有很大的差距，薪资的透明度也很差。城市、农村职工，国企事业单位员工和城市居民的方案不能相互转移[2]。在此情况下，如果能将它们一体化，可能会带来更大的好处。比如，一开始首先一体化国企事业单位职工、公务员和城市职工三个方案的政策框架和管理，然后扩大已经在北京、上海和中山初步施行的城市、农村居民方案一体化。方案的一体化可以为

---

[1] 数据摘自 World Bank (2012), *China 2030: Building a Modern, Harmonious, and Creative High Income Society*, Washington D. C., p. 372。

[2] 城市职工保险方案中有一定的可转移性。

更高水平的筹资建立基础，也可以改善融资、受益人等方面的信息交流。这些都有助于达成一个主要目标，就是使得方案间的转移性更高，还可以加强保险的公平性。另外，提升社保、医疗保险和养老保险之间的协调和一体化，可以改善社会安全，增强家庭的消费信心，以此降低高储蓄率，刺激人们的消费——由此提高需求水平，帮助中国重新平衡经济。

五　总结

综上所述，中等收入国家在解决持续不平等现象时，可以考虑以下主要政策领域。

（1）制订并实施综合性区域发展战略，这些战略应该侧重于基础设施发展和协调的政府介入，以加强电力、交通和通信等板块。这些战略同时应该有财政转移的支持，来鼓励国内和国外直接投资。这种转移应该针对卫生和教育领域。

（2）大幅增加卫生和教育领域的人力资本支出——近年来由于中等收入国家的发展情况良好，这个任务变得更加容易。有关增加这些领域支出的政策，应该特别针对贫困社区和家庭，现金转移在这方面可以成为成功的桥梁。现金转移的可持续性需要更多的政策来保证，有数据显示这也是中等收入国家的一大重要问题。

（3）改变并制定财政政策，以简化税收系统并扩大覆盖面，使税收覆盖到相对大型的非正式板块；同时将平衡从消费转向收入,由此引入更先进的方法。

(4) 促进社会保护计划进行重要变革。首先要大幅提升现有社会支出水平,在这个整体框架下,再扩大社会保护计划的覆盖面。在失业津贴方面,尤其需要改变——扩大覆盖面,并将津贴更多地针对最需要的人群。同样,也可以提升最低工资标准。各计划间的分散性也是需要解决的重要问题。但关键是,造成目前中等收入国家这种计划间分散性的原因有很多,每个国家不尽相同,解决方法也需基于现有的覆盖率而因地制宜。如上述,印度其实可以通过设计并引入一个整体现金转移计划来加强一体化,在这个整体现金转移计划的基础上可以发展出更多的计划,例如,通过基于政府补助长期储蓄的医疗保险,而开展出低收入工人的养老金计划。相比之下,中国的覆盖面相对较广。主要问题是各板块之间的移动受限,且差距很大,社会保护计划很难在不同板块间转移,透明度也很低。这些问题可以通过提高一体化来解决——最初重要的是一体化社会保障、医疗保障和养老金等计划的管理,再扩大一开始初步实施的城市、农村居民方案一体化。

参考文献

[1] Asian Development Bank (ADB), *Asian Development Outlook 2012*: *Confronting Rising Inequality in Asia*, ADB, Manila, 2012.

[2] Berg, Andrew G. and Ostry, Jonathan D., "Inequality and Unsustainable Growth: Two Sides of the Same Coin?", IMF, Washington D. C., 2011.

[3] Berg, Ostry and Zettelmeyer, "What Makes Growth Sustained?" IMF Working Paper 08/59, IMF, Washington D. C., 2008.

[4] Chandy, Laurence and Geertz, Clifford, "Poverty in Numbers: The Changing State of Global Poverty from 2005 to 2015", The Brookings Institution, Washington D. C., 2011.

[5] Claus, Iris, Martinez-Vazquez, Jorge, Vulovic, Violetta, *Government Fiscal Policies and Redistribution in Asian Countries*, International Center for Public Policy Working Paper 12 – 13, Andrew Young School of Policy Studies, Georgia State University.

[6] Cornia, Giovanni Andrea (2009), "What explains the recent decline of income inequality in Latin America", draft paper presented to The Conference on the Impact of the Financial Crisis in India, Tata Institute of Social Sciences, Mumbai, March 2009.

[7] Fan, S., R. Kanbur and X. Zhang, (2011), "China's Regional Disparities: Experience and Policy", *Review of Development Finance*, 1 (1).

[8] Fan, S., R. Kanbur and X. Zhang (eds.), (2009), *Regional Inequality in China: Trends, Explanations and Policy Responses*. Routledge, London and New York.

[9] Fiszbein, Ariel and Schady, Norbert (2009), *Conditional Cash Transfers: Reducing Present and Future Poverty*, World Bank Policy Research Report, Washington D. C.

[10] Gill, I. and Kharas, H., (2007), *An East Asian Renaissance: Ideas for Economic Growth*, World Bank, Washington. D. C.

[11] Hill, H., Resosudarmo, B., Vidyattama, Y., (2007), "Indonesia's Changing Economic Geography", *Working Papers in Economics and Development Studies*, 2007 – 2013, Bandung, Indonesia, 2007.

[12] Kanbur, Ravi and Raunyar, Ganesh, (2009), "Conceptualizing Inclusive Development: With Applications to Rural Infrastructure and Development Assistance", Asian Development Bank, Occasional Paper No. 7, 2007, ADB, Manila.

[13] Kostzer, Daniel (2008), *Argentina: A Case Study on the Plan Jefes y Jefas de Hogar Desocupados, or the Employment Road to Economic Recovery*, UNDP Buenos Aires.

[14] Li, S., Luo C., (2011), *Introduction to Overview: Income Inequalityand Poverty in China*, 2002 – 2007, CBI Working Paper 2011 – 2010, Department of Economics, University of Western Ontario, Canada.

[15] Li Xiaoyun, (2010), *China: Rural Statistics 2010*, China Agricultural Press, Beijing.

[16] Lustig, N., et al. (2011), "The Decline in Inequality in Latin America: How Much, Since, When and Why", Working Paper, No. 118. Tulane University, Canada.

[17] Lustig, Nora (2011), "Fiscal Policy and Income Redistribution in Latin America: Challenging the Conventional Wisdom", Society for the Study of Economic Inequality, November, 2011.

[18] Lustig, Nora (2011), "Markets, the State and Inclusive Growth in Latin America: Argentina, Brazil, Mexico and Peru", UNDP.

[19] McKinley, Terry (2010), *Inclusive Growth Criteria and Indicators: An Inclusive Growth Index for Diagnosis of Country Progress*, Asian Development Bank, Sustainable Development Working Paper 14, Manila.

[20] Ocampo, Jose Antonio (2007), "The Latin American Boom", *Revista de Ciencia Politica*, Volume 28, No. 1.

[21] Organisation for Economic Co-operation and Development (OECD), (2011), *Divided We Stand: Why Inequality Keeps Rising*, OECD, Paris.

[22] Ravallion, M., and Chen, 2 (2004), *China's (Uneven) Progress Against Poverty*, World Bank Policy Research Working Paper 3408, World Bank, Washington D. C.

[23] Robalino, David, A., Rawlings, Laura, Walker, Ian (2012), *Building Social Protection and Labor Systems: Concepts and Operational Implications*, Social Protection and Labor Discussion Paper No. 1202, World Bank, Washington D. C.

[24] Slater, Rachel and Farrington, John (2009), *Cash Transfers: Targeting*, ODI Project Briefing, Overseas Development Institute, London.

[25] Stiglitz, Joseph E., (2010), *Freefall: America, Free Markets and the Sinking of the World Economy*, Norton, New York.

[26] Stiglitz, Joseph E., (2012), *The Price of Inequality*, Allen Lane, London.

[27] Sumner, Andy (2012), "Global Poverty and the 'New Bottom Billion Revisited: Exploring the Paradox that Most of the World's Extreme Poor No Longer Live In The World's Poorest Countries", Working Paper, May 2012.

[28] United Nations Development Programme (UNDP), *Human Development Report 2010: The Real Wealth of Nations: Pathways to Human Development*, UNDP, New York.

[29] United Nations Development Programme (UNDP), *Human Development Report 2011: Sustainability and Equity: A Better Future For All*, UNDP, New York.

[30] Wisaweisuan, N., (2009) "Spatial Disparities in Thailand: Does Government Policy Aggravate or Alleviate the Problem", in *Reshaping Economic Geography in East Asia*, Yukon Huang and Alessandro Magnoli Bocchi, World Bank, Washington D. C.

[31] World Bank (2010), *Indonesia Jobs Report: Towards Better Jobs and Security for All*, Washington D. C.

[32] World Bank (2012) *World Development Indicators*, World Bank, Washington D. C.

[33] World Bank, *World Development Report 2006: Equality and Development*, World Bank, Washington D. C.

[34] World Bank (2009), *World Development Report 2009: Reshaping Economic Geography*, World Bank, Washington D. C.

第二章 中国包容性增长与减贫：
进程与主要政策

黄承伟

中国国际扶贫中心

引 言

2009年，中国国家主席胡锦涛在亚太经济与合作组织（APEC）第十七次领导人非正式会议上发表题为《合力应对挑战 推动持续发展》的重要讲话中首次提出"统筹兼顾，倡导包容性增长"的理念。2010年，在第五届亚太经济与合作组织人力资源开发部长级会议上发表的《深化交流合作 实现包容性增长》致辞中再次强调"包容性增长"，并指出"包容性增长的根本目的是让经济全球化和经济发展成果惠及所有国家和地区、惠及所有人群，在可持续发展中实现经济社会协调发展。"

中国积极倡导包容性增长，其基本含义是在可持续发展中实现经济社会协调发展，实现发展成果由人民共享的目标。中国的包容性增长包含以下基本要素：坚持发展经济，着力转变经济发展方式，提高经济发展质量，增加社会财富，不断为全体人民逐步过上富裕生活创造物质基础；坚持社会公平正义，着力促进人人平等获得发展机会，不断消除人民参与经济发展、分享经济发展成果方面的障碍；坚持以人为本，着力保障和改善民生，努力做到发展为了人民、发展依靠人民、发展成果由人民共享①。

一 中国包容性增长的历程回顾及其主要特征

包容性增长的理念始终贯穿于中国的改革开放和现代化建设进程中，在不同发展阶段表现出不同的特征。改革开放以来，中国包容性增长的历程可以分为以下三个阶段。

（一）经济体制改革促进经济高速增长，推动全国大规模减贫（1978~2001年）

改革开放之初，中国1/3的人口没有解决温饱问题，处于普遍贫穷和落后状态。当时经济社会发展的首要目标是解决普遍贫困问题。1978年，中国政府将工作重点转移到社会主义现代化建设和经济工作上来，并逐步推进经济

---

① 胡锦涛：在第五届亚太经合组织人力资源开发部长级会议上的致辞，新华网，http：//www.xinhuanet.com，2010年9月16日。

体制改革。这一阶段包容性发展的基本特征是以经济建设为中心,通过体制改革促进经济增长,实现全国范围的大规模缓解贫困。

中国农村经济体制改革以20世纪80年代初期推行的家庭联产承包责任制为基础,到1983年,该项土地制度改革覆盖了超过98%的农村家庭。同时,国家提高了农产品的收购价格,并逐渐放开农产品的买卖价格。在农产品流通体制改革中,国家首先削弱壁垒并打断城乡二元结构分隔,允许农产品和农副产品贸易取代在城乡地区被国家控制的棉油统购,鼓励在大城市建立农产品市场。继家庭联产承包责任制成功后,政府开始指导农民进行多样化的农业生产。在不放松粮食生产并结合当地自然条件的基础上,政府开始发展经济作物的生产。为提高农产品产出,政府开展了大规模的农业科技研究并在县级建立了推广体系,为增加农业产量奠定了坚实基础。

中国的城市经济体制改革于1984年10月全面启动。重点是国有企业改革。改革内容主要有国有企业全面实行利改税,自主经营权的突破即逐步确立了厂长负责制、企业承包经营责任制和股份制。1992年以后,国有企业自身长期积累的深层矛盾逐渐暴露,国有企业在市场竞争中经历了改革与脱困。非公有制经济的地位随着国有企业改革的深化,相应得到加强。1987年国家提出"国家调节市场,市场引导企业"的经济模式及"社会主义商品经济"的概念。1992年后,"社会主义市场经济体制"正式确立并发展。自此,单一的计划经济格局开始转变,中国的市场主体开始形成。

改革开放以来,由于中国政府逐渐将工作重点转向经济建设,中国经历了高速的经济增长,GDP平均年增长率超过9%。通过"渗漏效应",经济增长提升了贫困人口的生活水平,按中国政府的贫困标准,绝对贫困人口从1978年的2.5亿人下降到2001年的2927万人,相应的贫困发生率由30.7%减少到3.2%。其中90年代后期是中国经济加速增长时期,这期间国家开始实施有计划的专项扶贫开发,并制订"国家八七扶贫攻坚计划",贫困人口下降速度明显加快,贫困发生率由1993年的8.8%下降到2000年的3.4%[①]。

(二) 政策调整带动城乡统筹,促进均衡发展 (2002~2010年)

从20世纪90年代开始,中国经济进入持续高速增长期。但在工业化进程中,农业、农村和农民问题日益突出,农村发展明显落后于工业化发展。农业基础设施薄弱、农村社会事业发展落后、城乡居民收入差距扩大。这一阶段包容性增长的主要特征体现在通过政策调整,解决"农业、农村、农民"问题,实现城乡统筹,促进均衡发展。

2002年,中国政府在国民经济和社会发展第十一个五年规划(2006~2010年)中,对经济发展战略进行调

---

① 张磊:《中国扶贫开发历程(1949~2005)》,中国财政经济出版社,2007。

整并明确,中国总体上已经进入以工促农、以城带乡的发展阶段,初步具备了加大力度扶持"三农"的能力和条件。

在21世纪初,中国政府出台了一系列惠农政策,主要包括:调整国民收入分配结构,财政支出、固定资产投资和信贷投放等向"三农"倾斜。扩大公共财政覆盖农村的范围和领域,增加农村公共产品供给。建立城乡统一的劳动力市场,取消对农民进城就业的限制,开展劳动力转移就业培训,解决拖欠农民工工资、保障等突出问题。进一步明确各级政府对农村义务教育的责任。加大国家财政对农村合作医疗体系的投入力度,建立农村大病统筹机制。建立城乡公平统一的社会福利制度,实施农村最低生活保障制度,完善农村社会救济制度[①]。

为减轻农民负担,防止农村乱收费现象的恶化,中央政府于2001年开始试点,2003年全面推行农村税费改革。2004年提出逐步降低农业税税率直到彻底取消农业税。2006年,全国已经全部取消了农业税。

这些惠农政策为农业的平稳、可持续发展奠定了基础,基本解决了农民的温饱问题和日常基本需求,人民生活水平有了极大的提高,加速了农村减贫的进程。这一时期中国农村贫困人口呈现分散化趋势,中国政府相应调整了农村扶贫的方式和策略,制定《中国农村扶贫开发纲要2001~2010年》,将区域瞄准范围由贫困县向贫困村转移,实现让最

---

① 张磊:《中国扶贫开发政策演变(1949~2005)》,中国财政经济出版社,2007。

贫困人口直接受益。这一阶段，中国的贫困人口由2002年的5825万（仅低收入人口）下降到2010年的2688万[①]。

（三）制度体系建设推动包容性增长，促进经济社会全面协调可持续发展（2011年起）

改革开放以来，"以经济建设为中心""让一部分人、一部分地区先富起来，先富带动后富，最终实现共同富裕"的非均衡发展战略，对于启动中国经济体制改革、助推中国经济起飞发挥了至关重要的作用。然而，非均衡发展机制也使得贫富差距、区域差距和城乡差距不断加大。在基本民生方面的投入占GDP的比例仍然比较低，导致经济增长依靠投资、出口拉动，而消费动力不足；导致看病难、看病贵，教育不均衡，公共基础设施供给不足等一系列问题。这些社会问题甚至影响社会公平、公正和社会稳定。

在上述背景下，中国政府明确提出并积极倡导包容性增长理念，以全面建设小康社会为目标，积极推进经济、社会全面协调可持续发展，实现发展为了人民，发展成果为人民分享。为此，提出"构建社会主义和谐社会"的战略任务；推进统筹城乡发展、统筹区域发展、统筹经济社会发展、统筹人与自然和谐发展、统筹国内发展和对外开放；加快国民经济又好又快发展，加强以改善民生为重点的社会建设；更加注重以人为本，更加注重全面协调可持

[①] 统计局，农村贫困监测资料，2010。

续发展,更加注重统筹兼顾,更加注重保障和改善民生,促进社会公平正义。

这一阶段包容性增长主要通过完善各项制度建设,把试点成功的政策纳入国家发展规划,形成完善的制度体系。具体包括:着力转变发展方式,由高投入、高消耗、高排放、难循环、低效率,转变为节能减排、保护环境、节约用地的增长方式;全面推进经济、政治、文化、社会各个领域的建设和改革,使其相协调、相适应,特别是把以改善民生为重点的社会建设提到突出地位,着力解决困难群体上学难、看病难、住房难的问题;调整收入分配政策,维护社会的公平正义,促进经济的持续、快速发展。

未来10年,中国将扶贫开发提高到"事关社会主义现代化建设大局"的长期历史任务的战略高度,开始贯彻执行"十二五"规划以及"中国农村扶贫开发纲要(2011～2020年)"。中国政府制定了未来10年的减贫目标,即让扶贫对象不愁吃、不愁穿,保证其义务教育、基本医疗和住房。由于目前剩下的绝对贫困人口主要集中在以武陵山区、六盘山区、秦巴山区等为代表的14个集中连片特殊困难地区,国家将这些连片特困地区作为扶贫开发主战场。

二 中国推进包容性增长的主要政策

(一)调整并优化产业结构,着力促进经济发展方式的转变

经过30多年的发展,中国通过产业结构调整等一系列

政策，实现了从低收入国家向中等收入国家的转型。为稳固这一成果，实现更大的发展，中国政府开始加快转变经济增长方式的历程。

产业结构调整的主要政策。通过产业政策、财税政策、行业准入等经济和法律手段，引导更多资金进入薄弱环节和高新技术行业。2009年，十大重点产业调整振兴规划制定实施，当年安排200亿元技改专项资金支持4441个技改项目。预计到2020年，信息通信、先进装备制造、新材料、新能源与节能环保、生物产业和高端生产性服务业等六大新兴产业实现增加值占GDP比重有望达到20%左右[①]。

转变经济增长方式的主要政策。为了避免"中等收入陷阱"，2006年的"十一五"规划明确提出"加快转变经济增长方式"。具体采用8个约束性指标衡量经济增长方式的转变，包括能源和环保指标，还覆盖了人口控制、养老保险、农村医疗等民生领域，而将以往最被看重的经济增长等列入预期指标。

经过产业结构调整和经济增长方式的初步转变，中国经济的内生动力趋于增强，经济结构更加合理。国家统计局发布的数据显示，"十一五"期间，第三产业就业人员占社会就业人员比重由2005年的31.4%上升至2008年的33.2%。2009年全国第三产业增加值占国内生产总值比重由"十五"末的40.3%上升至42.6%[②]。

[①] 马晓河：《跨越"中等收入陷阱"的战略选择报告》，2011。
[②] 马晓河：《跨越"中等收入陷阱"的战略选择报告》，2011。

（二）提高劳动者素质和能力，创造就业和发展机会

1. 流动人口就业和社会保障政策

中国政府对流动人口的政策分为三个阶段：20 世纪 80 年代，主要通过城乡二元户籍制度长期限制农民的自由流动。90 年代后，开始鼓励农村剩余劳动力到城镇转移就业，政府提供就业培训和服务。21 世纪以后，通过户籍制度改革以及养老、医疗、住房、子女教育等社会保障政策，促进流动人口融入城镇发展（具体政策见表1）。

对流动人口由控制向鼓励和提供服务的政策转变，加快了农村大量富余劳动力自主流向城市，成为在城镇从事第二、三产业的主力军。根据人力资源与社会保障部的统计公报，截至 2009 年，中国农民工总量为 2.3 亿人，其中外出农民工数量为 1.45 亿人[①]。农村富余劳动力向城市转移就业，不仅为经济生产带来巨大效益，也为农民实现增收、加快脱贫致富创造了条件。

2. 劳动力转移与培训

中国在反贫困行动中，特别强调人力资本的作用，使贫困地区的人力资本得到充分利用，组织、发动贫困地区的剩余劳动力向外转移。同时，在反贫困行动中还特别强调人员培训，开展大规模的干部培训。"阳光工程"

---

① 段玉瑾：《农民工社会政策建设回顾与农民工的社会政策需求》，《长春理工大学学报（社会科学版）》2011 年第 24 卷第 6 期。

表 1 流动人口政策演变

发布时间	文件名称	政策要点
1989 年 3 月	国务院办公厅关于严格控制民工外出的紧急通知	控制流动
1989 年 4 月	民政部、公安部关于进一步做好控制民工盲目外流的通知	控制流动
1990 年 4 月	国务院关于做好劳动就业工作的通知	鼓励就业
1994 年 11 月	劳动部关于农村劳动力跨省流动就业的暂行规定	允许流动
1995 年	中办国办转发关于加强流动人口管理工作的意见——促进农村剩余劳动力就地就近转移	鼓励流动
1999 年	国务院《社会保险费征缴暂行条例》	养老保险
2001 年 11 月	国务院批准公安部 关于推进小城镇户籍管理制度改革意见的通知	户籍制度
2003 年 1 月	国务院办公厅关于做好农民进城务工就业管理和服务工作的通知	就业服务
2003 年 4 月	国务院工伤保险条例	工伤保险
2003 年 9 月	国务院办公厅转发教育部等部门 关于进一步做好进城务工就业农民子女义务教育工作意见的通知	子女教育
2003 年 9 月	农业部等六个部门 2003~2010 年全国农民工培训规划	就业培训
2003 年 11 月	国务院办公厅 关于切实解决建设领域拖欠工程款问题的通知	工资问题
2004 年 1 月	中共中央、国务院 关于促进农民增加收入若干政策的意见	增收
2005 年 11 月	国务院关于进一步加强就业再就业工作的通知	就业服务
2006 年 2 月	国务院关于解决农民工问题的若干意见	社会保障
2006 年	劳动部关于开展农民工参加医疗保险专项扩面行动的通知	医疗保险
2007 年	劳动和社会保障部关于印发 2007 年劳动和社会保障工作要点的通知	社会保障
2007 年 12 月	关于改善农民工居住条件的指导意见	居住
2010 年 4 月	国务院办公厅关于切实解决企业拖欠农民工工资问题的紧急通知	工资问题

资料来源：作者整理。

和"雨露计划"是促进农村贫困劳动力转移和培训的两项主要的政策。

[阳光工程]　　为加强农村劳动力转移培训工作，实现稳定就业和增加农民收入，农业部等六个部门从2004年起，共同组织实施了"农村劳动力转移培训阳光工程"，简称"阳光工程"。"阳光工程"首先在河南、四川等26个省区和黑龙江农垦总局、新疆生产建设兵团实施。2005年培训280万人，中央财政专项补助资金增加到4亿元[①]。该培训项目作为由中央财政专项支持的政府项目，对中国西部广大输出劳动力的地区能力建设起到了重要作用，其中，对于贫困人口素质技能的提高和长期发展的作用尤为深远。

[雨露计划]　　为解决劳动力市场供需的矛盾，实现贫困地区劳动力转移，2004年8月，国务院扶贫办发出《关于加强贫困地区劳动力转移培训工作的通知》，开始实施"雨露计划"。"雨露计划"以政府主导、社会参与为特色，开展职业教育、创业培训和农业实用技术培训，帮助贫困地区青壮年农民解决在就业、创业中遇到的实际困难。截至2010年底，"雨露计划"通过职业技能培训，帮助近500万青壮年贫困农民和20万贫困地区复员退伍士兵成功转移就业；通过农业实用技术培训，使每个贫困农户至少有一名劳动力掌握1~2门有一定科技含量的农业生产技术。"雨露计划"的实施标志着我国的扶贫开发工作由以

---

① 张磊：《中国扶贫开发政策演变（1949~2005）》，中国财政经济出版社，2007。

自然资源开发为主的阶段，发展到自然资源开发与人力资源开发并举的新阶段。

（三）调节收入分配，缩小收入差距

1. 个人所得税政策

中国政府在20世纪80年代引入了个人所得税政策。1980年颁布《中华人民共和国个人所得税法》，但是并没有出台一些具体的征税细节。1986年9月，发布《中华人民共和国个人收入调节税暂行条例》，规定对公民的个人收入统一征收个人收入调节税，表明个人所得税政策开始启动。

随着城镇居民个人收入的快速增长，个人所得税的起征点并没有及时做出调整，越来越多的人群需要缴纳个人所得税。截止到2009年，个人所得税总额已达到3949亿元，比1999年增长了8.5倍[①]。同时，个人所得税增长速度超过了城镇居民收入的增长幅度。

个人所得税政策在开始阶段，由于起征点远高于城镇居民的平均收入水平，其收入达到征税标准的人群比例很低，因此个人所得税并没有起到调节收入分配的作用。在个人所得税不断增长的情况下，由于高收入群体避税以及个人所得税的单项税特征（而不是以家庭为单位征收的综合税），因此也没有充分发挥对收入分配的调节作用[②]。为

---

① 李实：《有利于减贫的收入分配政策：中国经验报告》，2011。
② 李实：《有利于减贫的收入分配政策：中国经验报告》，2011。

了减轻低收入群体的税赋，缩小收入差距，2011 年将个人所得税的起征点提高到 3500 元。

2. 农业税和农村税费

在计划经济时期，农民税赋重，所要缴纳的各种费名目繁多。特别在 20 世纪 90 年代，中国农户负担的税费达到了很高水平，据调查某个县税费负担最高达到了 28%[①]。面对农民负担日益严重的问题，从 2000 年开始进行农业税改革试点，一些地方的税费负担开始下降，到 2002 年下降到 2.8%。2006 年中央政府开始在全国范围内免征农业税，同时取消地方政府征收所谓的"三提五统"的权利。全国范围内免征农业税后，共减轻农民负担约 1250 亿元，每个农民减负 140 元左右[②]，增加了农民可支配收入，调动了农民的生产积极性，为农村经济社会发展注入了活力。

从收入分配的角度来看，农村的税费政策具有很强的累退性，导致了收入差距的扩大。2006 年以后采取的农村税费减免政策既有利于缩小收入差距，更加有助于减少贫困。据李实等人估计，以 1995 年为例，如果农业税费全部减免，那么城乡之间居民收入差距会由 2.47 倍下降到 2.34 倍[③]。

（四）加强社会保障网络建设，着力改善民生

改革开放以后，中国的教育和医疗卫生服务曾一度过

---

① 陈锡文主编《中国县乡财政与农民增收入问题研究》，第 117 页。
② 黄维键：《取消农业税对中国经济社会的影响及下一步政策取向》，www.cjyj.-shufe.edu.cn，2007 - 10 - 23。
③ 李实：《有利于减贫的收入分配政策：中国经验报告》，2011。

分依赖市场化手段提供，导致因病和因教育致贫的严重现象。进入21世纪以来，随着义务教育和医疗保障制度的逐步建立，这一现象得到了有效的缓解。

1. 全面普及义务教育

教育方面的成功改革主要体现在全面普及九年义务教育以及加强农村义务教育支持力度和保障义务教育经费等。1986年7月，《中华人民共和国义务教育法》开始施行，标志着中国确立了义务教育制度。在20世纪90年代，国家进一步确定了"基本普及九年义务教育，基本扫除青壮年文盲"的"两基"目标。

为了缩小中国城乡的发展差距，政府加大了对农村义务教育的支持力度。2005对农村贫困家庭学生实施"两免一补"政策，逐步对寄宿生提供生活补助。2005~2007年三年内全部落实"两免一补"政策，国家财政共安排227亿元资金①。

在义务教育经费保障方面，2005逐步将农村义务教育全面纳入公共财政保障范围，建立中央和地方分项目、按比例分担的农村义务教育经费保障新机制。从2006年起，各地政府承担了全部办学经费，农村开始了真正意义上的免费义务教育。

义务教育政策对提高全民教育水平起到了关键的作用。2003年，全民受教育水平由1985年以前的人均4.3年提高到人均8.1年；截至2010年底，全国2856个县（市、区）

---

① 张秀兰：《利贫的社会政策：中国的经验与未来的策略选择报告》，2011。

全部实现"两基",全国"两基"人口覆盖率达到100%[①];小学学龄儿童净入学率达到99.70%(其中男、女童净入学率分别为99.68%和99.73%),初中阶段毛入学率100.1%(见图1),初中毕业生升学率87.5%[②]。

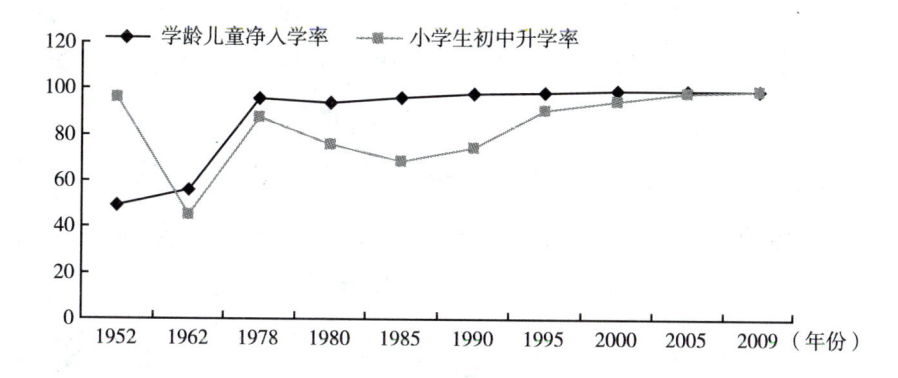

图1 学龄儿童净入学率和小学生初中升学率

资料来源:《新中国六十年统计资料汇编(2010)》。

义务教育的实施在提高义务教育普及率、降低文盲率等方面取得了突出的成绩,为我国沉重的人口负担转化为人力资源优势做出了积极的贡献。同时,农村义务教育的补贴政策对提高贫困人口素质、缩小城乡发展差距发挥了积极作用。

2. 完善医疗卫生设施与卫生服务

医疗体制改革从20世纪80年代开始,90年代医疗体

---

① 教育部:《2010年教育事业发展统计公报》,http://www.chsi.com.cn/jyjx/201107/20110706/219482079.html。
② 教育部:《2010年教育事业发展统计公报》,http://www.chsi.com.cn/jyjx/201107/20110706/219482079.html。

制推行市场化。在城市，医疗体制改革以社会基本医疗保险制度为主。1994年开始试点，1998年颁布《关于建立城镇职工基本医疗保险制度的决定》，该制度正式建立。社会基本医疗保险制度覆盖全体城镇职工，以社会统筹和个人账户相结合，并陆续出台医药分家、药品招标采购、医疗机构分类管理等一系列政策。2000年以后，政府开始深化医疗体制改革，以促进医疗保障和服务提供的公平性。在农村，医疗卫生状况一直处于落后状态。中国政府于2003年推出新型农村合作医疗制度，以政府投入为主，农民自愿参加，目的是解决农民因病致贫、因病返贫，以及医疗保障服务的均等化、公平性等问题。2004~2005年间，政府相继推出了城乡医疗救助制度，帮助弱势群体应对医疗负担的高风险。

完善医疗卫生设施与卫生服务。中央和地方多渠道筹集资金，加大机构建设力度，进一步健全了农村三级医疗卫生服务体系和城市社区卫生服务体系。其中，中央财政累计安排专项资金400亿元，建设县级医院1877个，中心卫生院5169个，村卫生室11250个，社区卫生服务中心2382个[1]。同时，通过基层医疗卫生机构转型、改造以及吸引社会力量参与等多种方式，城市社区卫生服务资源得到充实。

随着医疗体制改革和基层医疗卫生服务体系的逐步完善，群众获得了方便有效的医疗卫生服务。截至2011年4月底，全国医疗卫生机构数达94.1万个，基层医疗卫生机构

---

① 张秀兰：《利贫的社会政策：中国的经验与未来的策略选择报告》，2011。

中：社区卫生服务中心（站）3.3万个，乡镇卫生院3.8万个，村卫生室65.0万个，诊所（医务室）17.5万个。① 2010年，城市社区卫生服务机构、乡镇卫生院和村卫生室诊疗人次达到了30.2亿，占到全国医疗机构诊疗人次的51.7%。②

医疗服务体系的完善，医疗机构和设施的改善，对我国城乡居民健康水平的提高发挥了重要作用。2010年孕产妇死亡率由新中国成立之初的1500/10万下降至现在的30/10万（见图2），婴儿死亡率由新中国成立前的200‰下降到2010年的13.1‰（见图3），均居发展中国家前列；2010年我国人均期望寿命从新中国成立前的35岁提高到现在的73岁，国民健康水平已经达到了发展中国家的较高水平③。

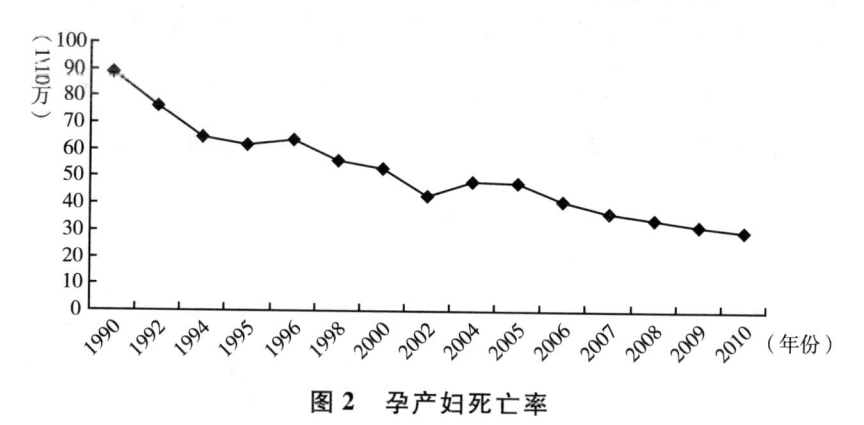

图2　孕产妇死亡率

资料来源：《2010卫生统计提要》。

---

① 卫生部：《2011年4月全国医疗服务情况》，http://www.moh.gov.cn/publicfiles/business/htmlfiles/mohwsbwstjxxzx/s7967/201106/52031.htm。
② 有关中国情况的详述，请参阅 Li and Luo (2011), Introduction to Overview: Income Inequality and Poverty in China, 2002-7, CBI Working Paper 2011-10, Department of Economics, University of Western Ontario, Canada。
③ 卫生部：《2011年妇幼保健与社区卫生工作简讯》，http://www.moh.gov.cn/publicfiles/business/htmlfiles/mohfybjysqwss/s7901/201104/51206.htm。

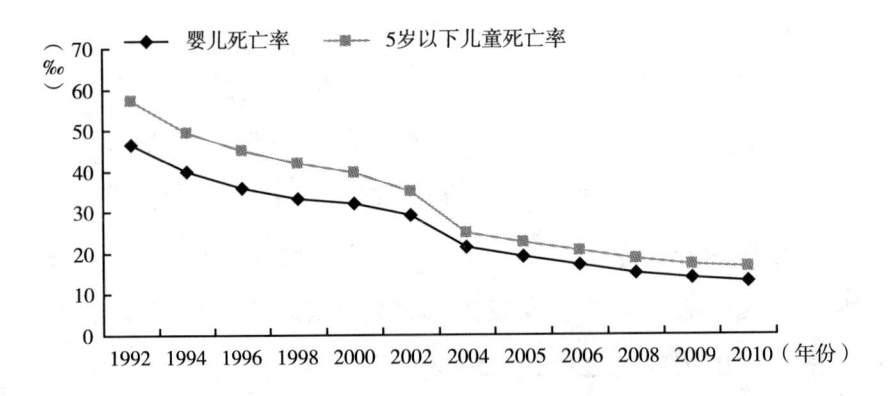

图 3 婴儿死亡率和 5 岁以下儿童死亡率

资料来源:《2010 卫生统计提要》。

3. 建立城乡最低生活保障制度

最低生活保障制度首先由城市起步,1993 年上海市宣布在全市范围内实施最低生活保障制度,标志着我国最低生活保障制度的诞生。1997 年,城市低保制度正式建立。2007 年农村最低生活保障制度建立,全社会的最低生活保障制度正式形成。

截至 2010 年底,全国共有城市低保对象 1145 万户、2310.5 万人(见图 4);全年各级财政共支出低保资金 524.7 亿元,其中中央财政补助资金占 69.7%。全国农村低保对象 2528.7 万户、5214 万人(见图 5);全年共发放农村低保资金 445 亿元,其中中央补助资金占 60.4%[①]。

最低生活保障制度作为最基本的社会救助制度,实现了城乡均等覆盖,并稳步向应保尽保迈进,为稳定、持久、有效解

---
① 张秀兰:《利贫的社会政策:中国的经验与未来的策略选择报告》,2011。

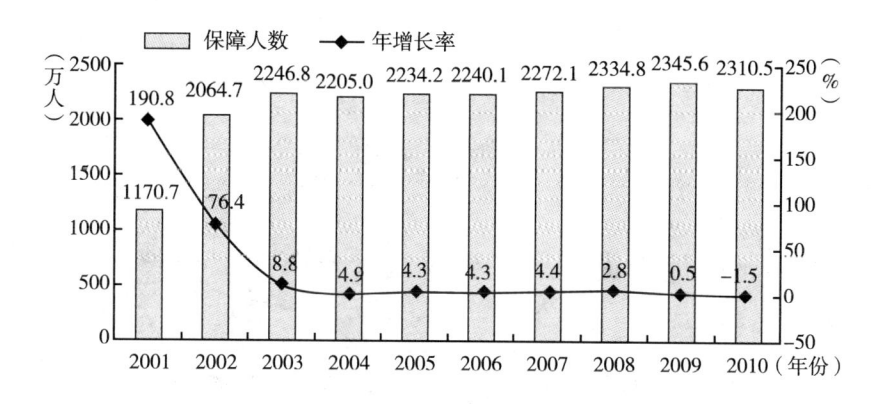

图 4 城市最低生活保障

资料来源：《2011年社会服务发展统计报告》。

决农村贫困人口的温饱问题奠定了制度保障。2010年全国城市低保平均标准为251.2元/人/月，人均补助水平189.0元[①]。全国农村低保平均标准117元/人/月，月人均补助水平74元[②]。

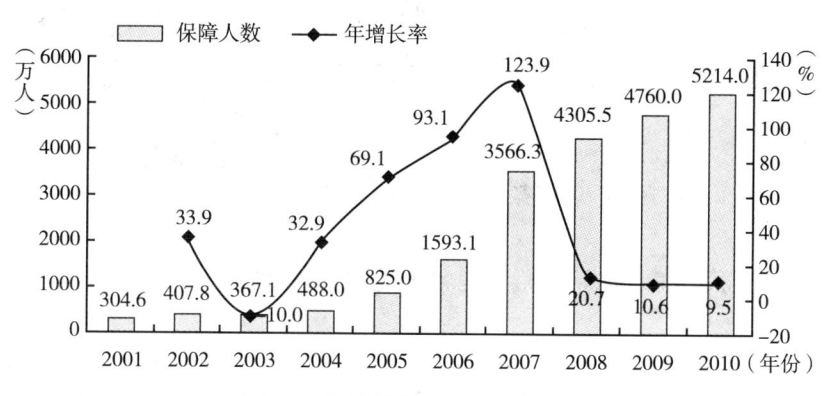

图 5 农村最低生活保障情况

资料来源：《2011年社会服务发展统计报告》。

---

① 民政部：《2011年社会服务发展统计报告》，http://www.mca.gov.cn/article/zwgk/mzyw/201106/20110600161364.shtml。
② 民政部：《2011年社会服务发展统计报告》，http://www.mca.gov.cn/article/zwgk/mzyw/201106/20110600161364.shtml。

三 中国继续推进包容性增长与减贫的对策建议

(一) 促进由高速、粗放型增长向均衡增长、可持续发展转变

总的要求是：改变经济增长过度依赖投资、出口，过度依赖工业增长，过度依赖物质资源消耗。一是调低经济增长速度，将发展资源更多地用于经济社会结构转型，培养结构性增长动力，支持需求结构调整，实现由外需导向、生产型结构向内需导向、消费型结构转换；二是支持产业结构调整，将发展资源更多地用于发展服务业，实现产业结构由以工业为主向服务业为主转变；三是支持资源要素结构配置和调整，将发展资源更多地用于开发新技术，降低物耗、能耗和环境成本等方面，最终使经济增长由粗放型向依靠科技进步的集约型转化。

(二) 扩大内需，建设消费型社会

一是加快国民收入分配结构调整和体制改革，不断减少政府和企业在国民收入分配中的份额，让居民特别是中低收入者收入增长既快于政府和企业所得增长，又快于高收入群体的收入增长。二是充分利用公共权利和公共资源，给人民创造更多的增收机会，不断减少穷人群体，增加和扩大中等收入者群体，使得中等收入者成为未来中国社会

的主体,成为扩大内需、拉动社会消费的主要力量和稳定社会的中坚群体。

(三)保护劳动者权益,提高劳动者待遇

主要是健全法律法规,特别是要通过制度变迁尽快促进农民进城落户,促进农民融入城市生活,增加进程务工人员的工资和社会保障待遇水平。

(四)调节分配结构,继续缩小收入差距扩大的趋势

在调节不同收入群体之间的关系上,我国既缺乏调节高收入者的制度安排和得力措施,导致富人少缴税甚至不纳税;也缺乏"扩中、提低"的长效机制和有效政策,形成中低收入者增加收入渠道窄、机会少。为此,中国的税收需要做出两方面的重大调整,以增强其收入分配与再分配的功能和反贫困的功能。一是逐步减少间接税,增加直接税。二是将个人所得税由现在的分项税改为综合税,前者是对每一项收入进行征税,而后者则是对家庭总收入征税。实行综合税可以避免低收入人群和贫困人口也缴税的尴尬局面,可以加强个人所得税缩小收入差距的功能。

(五)继续完善机制制度,努力提高社会保障覆盖面和待遇水平

中国已经初步建立的生、老、病、残、失业等社会保障制度还难以对中低收入阶层起到有效保障作用。主要表

现在：一是社会保障在城乡、地区甚至群体之间的制度安排不统一。越是落后地区、中小城市（城镇）和边缘人群享受的社会保障待遇越低，而恰恰是落后地区、中小城市（城镇）和农民最需要社会保障。社会保障缺失，必然会抑制这些群体居民的当期消费，迫使他们为未来储蓄。二是社会保障覆盖面过小。当前中国的基本养老保险、基本医疗保险、失业保险等主要制度安排，一方面是覆盖群体不一致，另一方面是覆盖范围过小。三是政府对社会保障的投入支持力度偏低、偏弱。在西欧、北欧国家，财政的50%用于社会保障和社会福利支出，美国财政约有30%用于社会保障事业，而中国2009年财政用于社会保障的比重不足16.16%。很明显，社会保障存在的制度和政策障碍问题不解决，就很难发挥社会保障本身的社会再分配功能和社会基本生存保障功能。

社会保障制度的全覆盖和公共服务的均等化，不仅有助于调节收入分配关系，也有助于缓解贫困。要坚持深化改革并在改革过程中，不仅要让贫困人口享受到社会保障的好处，而且要让他们付出最小的代价或不付代价。

四　几点启示

在中国，包容性增长从概念提出到全面实践历时并不长，但始终贯穿于中国的改革开放和现代化建设进程中，与"科学发展观"和"协调发展""和谐社会"理念一脉相承，成为国家制订不同时期发展政策的指导思想。这一点对于广大发展中国家具有重要的借鉴意义。

第一，包容性增长理念的核心是解决发展过程中谁受益的问题。发展的目的是让更多的人能够享受到发展的成果。在全球范围内，各国之间的协调配合、包容性发展有利于全球经济增长的稳定，经济全球化和经济发展成果惠及所有地区、所有人群。包容性增长不仅仅对中国，对全球也有一定的借鉴意义。

第二，包容性增长理念始终贯穿于中国改革开放和现代化建设中，中国政府根据不同阶段的发展特征采取相应的对策。

第三，需要不断探索并完善包容性增长的政策体系并有序推进制度化建设。

第四，由于不同的历史背景、发展特征，各国应根据自身发展情况采取适合本国的包容性增长的政策和措施。

参考文献

［1］陈锡文主编《中国县乡财政与农民增收入问题研究》，山西经济出版社，2003。
［2］段玉瑾：《农民工社会政策建设回顾与农民工的社会政策需求》，《长春理工大学学报（社会科学版）》2011年第24卷第6期。
［3］教育部：《2010年教育事业发展统计公报》，http://www.chsi.com.cn/。
［4］李实：《有利于减贫的收入分配政策：中国经验报告》，2011。
［5］马晓河：《跨越"中等收入陷阱"的战略选择报告》，2011。
［6］苏明：《有利于减贫和绿色增长的财政和税收政策报告》，2011。
［7］卫生部：《2011年4月全国医疗服务情况》，http://www.moh.gov.cn/。
［8］卫生部：《2011年妇幼保健与社区卫生工作简讯》，http://www.moh.

gov. cn/。
[9] 卫生部:《2010 卫生统计提要》,http://www.moh.gov.cn/。
[10] 民政部:《2011年社会服务发展统计报告》,http://www.mca.gov.cn/。
[11] 张秀兰:《利贫的社会政策:中国的经验与未来的策略选择报告》,2011。
[12] 张磊:《中国扶贫开发政策演变(1949~2005)》,中国财政经济出版社,2007。
[13] 张磊:《中国扶贫开发历程(1949~2005)》,中国财政经济出版社,2007。

第三章 促进包容性发展的收入分配政策

——中国的经验

李 实

北京师范大学收入分配研究院

引 言

近年来,包容性增长(inclusive growth)和包容性发展(inclusive development)的概念已被学术界和政策制定者普遍接受。该概念最早是由亚洲开发银行提出,并向亚洲发展中国家推出"包容性增长战略"。现在中国政府不仅接受了这个概念,而且其基本思想体现在中国经济社会发展的第十二个五年规划中。根据亚洲开发银行的解释,"有效的包容性增长战略需集中于能创造出生产性就业岗位的高增长、能确保机遇平等的社会包容性以及能减少风险,并能给最弱势群体带来缓冲的社会安全网。"[①] 由此可

[①] 见 ADB, 2007. "Inclusive Growth toward a Prosperous Asia: Policy Implications", Working Paper Series。

见,包容性增长具有三个方面的含义,第一是促进生产性就业的高增长;第二是平等的社会发展机会和发展成果的共享机会;第三是为贫困人群和弱势人群提供社会保障。

收入分配政策是多种多样的。从其分配效果来看,收入分配政策可以是缩小收入差距的,也可以是扩大收入差距的;收入分配政策可以是缓解贫困的,也可以是与贫困无关的;收入分配政策可以是有助于经济增长的,也可以是不利于经济增长的。从分配的分类上看,它可以分为初次分配政策和再分配政策。从分配政策的内容上看,收入分配政策包括税收政策、转移支付政策、社会保障政策。不言而喻,在促进包容性发展的过程中,离不开收入分配政策的支持。那么,促进包容性发展的收入分配政策应该具有哪些基本特点呢?

首先,促进包容性发展的收入分配政策与经济增长和就业增加具有兼容性。换句话说,收入分配政策不应该阻碍经济增长,不应该不利于就业增加。对于发展中国家来说,就业优先往往会成为经济发展的第一目标,因而不利于就业的收入分配政策。即使有助于缩小收入差距,但是不属于促进包容性发展的收入分配政策。其次,促进包容性发展的收入分配政策有助于实现机会平等和社会公平。贫困人口和低收入人群之所以处于低收入状态,主要是因为缺少社会权利和平等机会,因而完善其基本权利的保障制度,为这些人群创造更多的发展机会和创收条件,使得他们的收入增长不落后于全体社会成员的平均水平,将是促进包容性发展的收入分配政策的重要特征。最后,从更加宽泛的收入概念来看，个人或家庭收入不仅包括其可支配的收入，而且还包括其享有的公共服务的市场价值。而构成公共服务的主要内容是社会保障和福利体系。因此，为全社会成员特别是弱势群体提供基本的社会保障，以免除其参与市场竞争的风险，也将是促进包容性发展的收入分配政策的重要特征。

中国在过去30年中取得了高速经济增长，大幅度地减少了城乡绝对贫困人口。然而，由于收入差距的不断扩大和城乡之间和地区之间发展不平衡，相对贫困问题变得日益突出。对于中国来说，随着经济发展和居民收入水平的提高，对贫困的理解会发生相应的变化，从重视绝对贫困向重视相对贫困的变化。与此相对应的是扶贫战略的转变，在低收入水平发展阶段，扶贫的重点是解决那些绝对贫困人口的温饱问题，而进入中等和高收入国家行列以后，扶贫的重点应该转向解决相对贫困人口的发展能力问题。中国已经进入中等收入国家行列，也面对着扶贫战略的转变问题。

本报告将以中国为案例，对现有的收入分配政策加以梳理，其中重点讨论有助于促进包容性发展的收入分配政策。在此基础上对未来收入分配政策调整提出一些建议。本报告分为以下几个部分：第二节将进一步讨论包容性发展与收入分配的关系，如何从收入分配的状况及其变化来评判包容性发展。提出包容性发展的绝对标准和相对标准。第三节讨论中国面临的收入分配与贫困问题，特别是相对贫困问题。第四节梳理和评价中国现有的收入分配政策，特别是从包容性发展的角度来评价相关政策的有效性。第五节提出相关的政策建议。第六节是本报告的主要结论。

一 包容性发展与收入差距：概念的讨论

在过去改革开放期间，中国经济增长的速度是惊人的，特别是过去10年，GDP增长率高达10%以上。在经济高速增长的推动下，城乡贫困程度有明显的缓解，但是收入差距却一直在扩大。在这种状况下，从包容性发展的观点来看，如何判断中国的发展模式？从收入差距的角度来看，它与包容性发展的模式是有差距的，然而从减贫的角度来看，它又与包容性发展的模式相差不大。之所以产生这样一个判断上的困难，是因为我们在理解包容性发展的概念上存在分歧。一个关键的问题是，包容性发展模式是否要求所有的社会成员分享同等的经济的发展成果？是否允许不同社会成员享有不同的发展成果？

为了解决这个难题，我们有必要区分两种不同的包容性发展的标准，一个是绝对标准，一个是相对标准。前者是指在经济和社会发展中，每个社会成员都能享受到经济和社会的发展成果，但是允许不同成员可以获得不同成果；后者是指所有社会成员应该享受到同等经济和社会发展成果，不应该存在成果分配上的差别。从收入差距变化的观点来看，绝对标准下的包容性发展模式可以是扩大差距，也可以是维持差距不变的，而相对标准是缩小收入差距的。在绝对标准下，如果是高收入人群的分享成果多于低收入人群，收入差距仍在扩大，那么它只能是低绝对标准。在另一种情况下，高低收入人群分享到的成果是等量的，那么它是高绝对标准。对于三种标准形象的说明可以见图1。Y_h线为高收入人群收入增长线，Y_l为低收入增长线。在OP阶段，高收入人群与低收入人群收入都在增长，但是前者的收入增长高于后者，收入差距在不断扩大，这一阶段是低绝对标准的包容性发展阶段；在PW阶段，高收入人群与低收入人群收入在同步增长，收入差距没有扩大，这个阶段属于高绝对标准的包容性发展阶段。从W点开始，低收入人群的收入增长超过了高收入人群，收入差距不断缩小，这个阶段达到了相对标准的包容性发展。

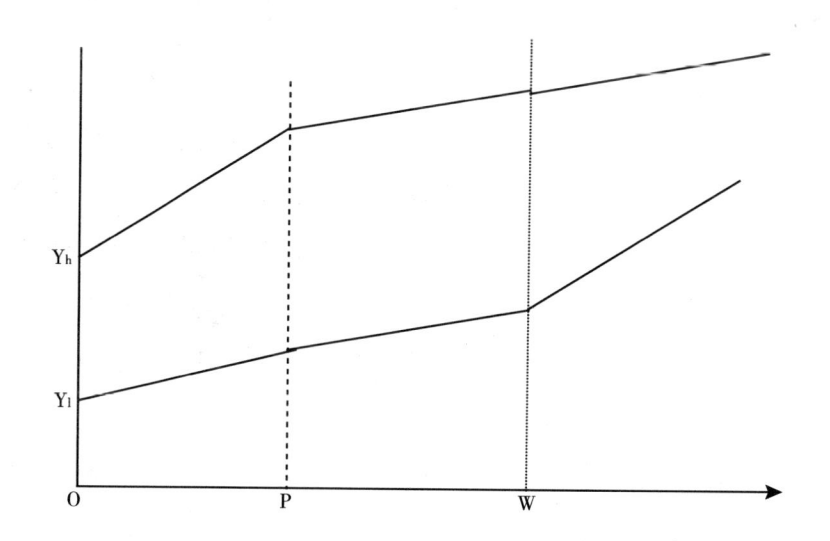

图1 绝对标准与相对标准的包容性发展

对于一个国家来说，应该实行何种标准的包容性发展模式，在很大程度上取决于其发展差距的初始条件。如果一个国家的初始条件中的收入差距很小,如中国改革开放初期收入差距的情形,扩大收入差距成为促进效率提高的必要手段,那么实行低绝对标准的包容性发展模式是必要的。如果一个国家的初始条件正好相反,收入差距已经很大,如当今的中国,那么低绝对标准的包容性发展模式就变得不可取,而相对标准的包容性发展模式就成为必要的选择,至少应该选择高绝对标准的包容性发展模式。当前中国政府知道选择相对标准的包容性发展模式的困难,现在坚持的是高绝对标准的包容性发展模式[①]。

二 中国收入分配与贫困的变化

改革开放以来,中国收入分配制度发生了很多变化,收入分配格局也出现了很大改变。中国从过去的以平均主义分配模式为主的国家转变为现在收入差距高度不平等的国家。从全球的角度来看,当前中国已成为世界上少数收入分配高度不平等的国家之一。为了对中国过去30多年的发展模式加以评判,我们有必要对这一时期收入差距的主要特点加以描述和解释。

改革开放以来中国居民收入分配的变化可以归纳为如下几个重要的特点。

特点之一:收入差距的全方位扩大。为了说明这个特

---

① 在中国政府制订的"十二五"规划中,政府只是提出"努力抑制收入差距扩大的势头",而不是强调缩小收入差距。

点，我们不妨看看城镇内部、农村内部和全国收入差距的变动情况。

在20世纪80年代末和90年初，中国城镇内部居民收入分配的基尼系数大约为0.23，虽然比改革初期的不平等程度有所扩大，但是仍处在较低的水平。① 到2002年，城镇居民收入差距的基尼系数已达到0.33（李实、岳希明，2004）。与此同时，高收入组与低收入组之间的收入差距进一步扩大。2002年城镇中最富的5%人群占有的城镇总收入的份额是15%，最富的10%的人群占有的份额是28%。与之相比，最穷的5%人群得到的总收入份额仅为1.2%，最穷的10%人群得到的份额只是3%。如果将同等比例的最富和最穷的人群相比，不难算出，城镇中最富的5%人群的平均收入是最穷的5%人群的近13倍，最富的10%人群的平均收入是最穷的10%人群的近10倍（李实、岳希明，2004）。而最新的数据显示，在2007年城镇内部的基尼系数已上升为0.36（见图2）。

2007年农村内部收入差距的基尼系数被估计为0.38（见图3）。对于农村内部收入差距的变化，虽然不同的研究结果有着不同的结论，但是有两点是大家都认同的。一是现有的农村收入差距远大于改革开放初期的水平。根据

---

① 根据国家统计局的估计，到80年代末城镇居民收入分配的不均等程度已明显高于改革初期，基尼系数上升了40%~50%（任才方、程学斌，1996）。即使把实物收入和各种实物性补贴计算在内，收入分配的不均等程度也大体相当。比如，国家统计局估算的1988年城镇居民货币收入的基尼系数为0.23；中国社会科学院经济研究所收入分配课题组估算的个人可支配收入（包括了货币收入和实物性收入）的基尼系数也是0.23（赵人伟、格里芬，1994）。

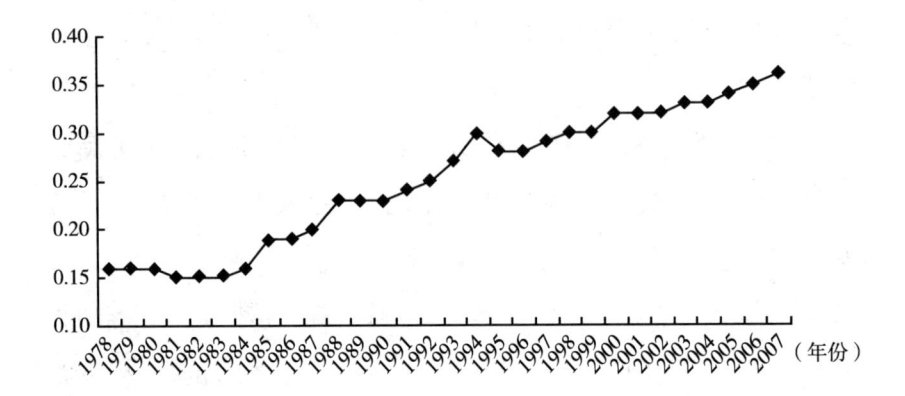

图2 中国城镇内部个人收入分配的基尼系数，1978~2007年

资料来源：张东升主编《中国收入分配年度报告2009》。

有关的研究表明，在1978年农村居民收入分配的基尼系数大约为0.22（赵人伟、李实，1997），也就是说，在30年的经济转轨和发展过程中，农村居民的收入差距扩大了68%。二是在1997~2007年间，农村收入差距的扩大经历了"一快一慢"两个时期。根据国家统计局的估计，农村基尼系数从1997年的0.32上升到了2002年的0.37，也就是说上升了5个百分点，成为收入差距扩大较快的时期。2002年农村中最富的5%人群占有总收入的份额是18%，最富的10%人群占有的份额是28%，而最穷的5%人群占有总收入的份额仅为1%，最穷的10%人群占有的份额不过是2.5%。由此看来，最富的5%人群的平均收入是最穷的5%人群的近18倍，最富的10%人群的平均收入是最穷的10%人群的11倍多（李实、岳希明，2004）。而2002~2007年是农村收入差距扩大非常缓慢的时期，这5年中基尼系数仅上升了1个百分点（见图3）。

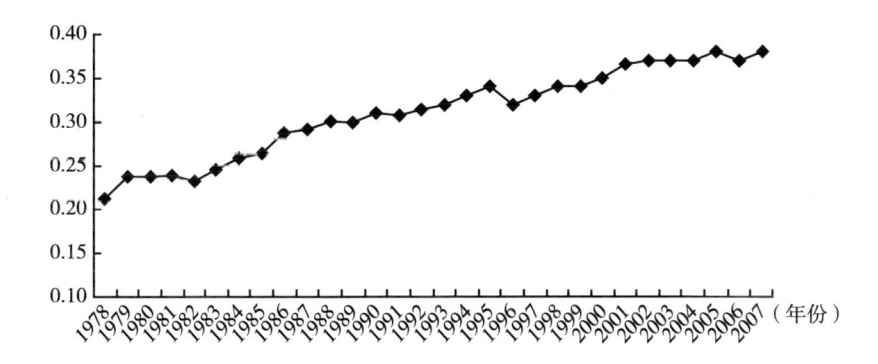

图3　中国农村内部个人收入分配的基尼系数，1978~2007年

资料来源：张东升主编《中国收入分配年度报告2009》。

对于全国的收入差距及其变化，由于国家统计局很少计算全国样本的基尼系数，我们只能根据一些研究课题的估计结果来加以讨论。根据世界银行的估计，在20世纪80年代初期，全国收入分配的基尼系数大约为0.31（Ravallion & Chen，2004）。到80年代末，根据中国收入分配课题组的第一次住户抽样调查数据，在将城镇住户的实物收入和住房补贴以及农户的自有住房的归算租金纳入个人可支配收入后，估计出来的全国的基尼系数为0.382（赵人伟、格里芬主编，1993）。从全国样本的10等分组的各自平均收入来看，1988年的最高收入组获得的总收入份额是最低收入组的7.3倍（Khan et al.，1992）。该课题组2002年调查结果显示该年的全国的基尼系数接近0.46。如果进行不同收入组的收入份额比较，最高的10%人群组获得了总收入的近32%；最低的10%人群组获得了1.7%。可见，最高的10%人群组的平均收入是最低的10%人群组的19倍

（李实、岳希明，2004）。中国收入分配课题组按照与前两次几乎相同的抽样方法和收入定义，在2007年做了同等规模的住户收入调查，估计出来的全国收入差距的基尼系数大约为0.49，最高的10%人群组的平均收入是最低的10%人群组的23倍（Li et al.，2010）。

特点之二：城乡之间收入差距尤为突出。城乡之间居民收入比率的变动反映了其相对收入差距的变化。从20世纪90年代以来，该比率呈现上升—缩小—再上升的过程（见图4）。城乡之间收入差距在1990~1994年间是拉大的，收入比率从1990年的2.2倍上升到1994年的2.6倍。随后，城乡之间收入差距出现了缩小的势头，这一过程仅仅持续了3年，收入比率从1994年的2.6倍下降到1997年的2.2倍，也就是说回落到了1990年的水平。然而，从1998年开始，城乡之间收入比率出现了一路上升的势头，从1997年的2.2倍上升到2000年的2.5倍，又进一步上升到2003年的3.23倍。在后来几年中，城乡收入差距基本上在这一水平上下波动。根据国家统计局的住户调查数据，2009年城乡之间收入比率达到3.3∶1，2010年为3.2∶1，2011年为3.1∶1。

更值得一提的是，如果将全国的个人收入差距分解为三部分：城镇内部、农村内部和城乡之间收入差距，那么在1995~2002年间城乡之间收入差距对全国收入差距的贡献率从38%提高到43%，上升了5个百分点（李实、岳希明，2004）。这意味着2002年全国收入差距的2/5以上来自城乡之间的收入差距，这也意味着城乡之间收入差距的

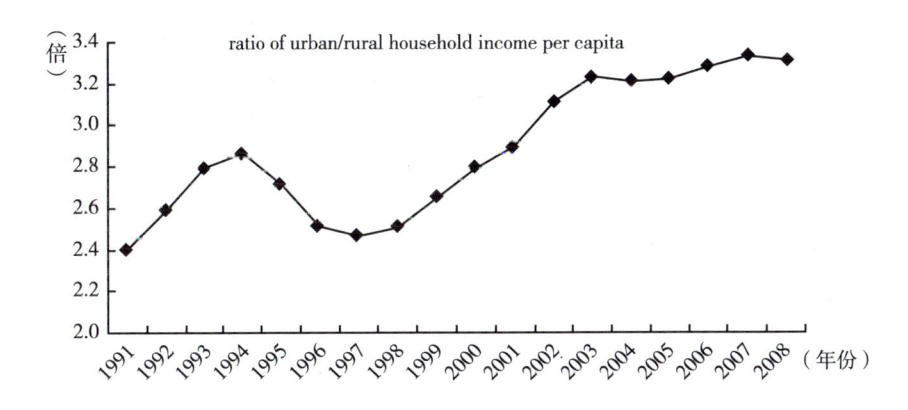

图4　中国城乡之间收入差距的变化，1991～2008年

说明：根据《中国统计摘要2009》中城乡居民人均收入的数据绘制。

迅速扩大构成了全国收入差距扩大的主要推动因素。利用2007年的数据做出的分解结果显示，城乡之间收入差距对全国收入差距的贡献率又有所上升，大约为48%（Li et al.，2010）。

特点之三：区域之间收入差距仍比较明显。长期以来，中国一直被明显的地区间收入差距所困扰。过大的地区收入差距既有历史的原因，也有后来出现的新问题。由于存在着城乡之间的巨大差距，地区差距部分是由地区内部城乡人口结构差异引起，部分是由农村内部和城镇内部的地区收入差距引起。就农村内部的地区收入差距而言，即使在改革开放初期，中国的区域差异已经相当明显。到了20世纪80年后期和90年代初期，由于农村工业化的进程出现了较大的地区不平衡性，农村居民收入的地区差距出现了扩大的态势。可是，到了90年代后期，在农业生产停滞不前，乡镇企业生产不景气的情况下，农村内部的地区差距没有出现明显的扩大趋势。然而，与农村内部地区差距变化不同的是，城镇居民收入的地区差距是不断扩大的。如图 5 所示，在 1990～2003 年间，用变异系数衡量的不同省份之间城镇居民人均可支配收入差异是不断扩大的，在 90 年代初期表现得尤为明显，变异系数由 1990 年的 0.192 上升到 1994 年的 0.278。从 90 年代中期开始，省份之间的城镇居民收入差异的变异系数基本上在 0.27～0.29 波动。这意味着省份之间的城镇居民收入差异扩大速度虽有所放缓，但并没有出现有所缩小的趋势。

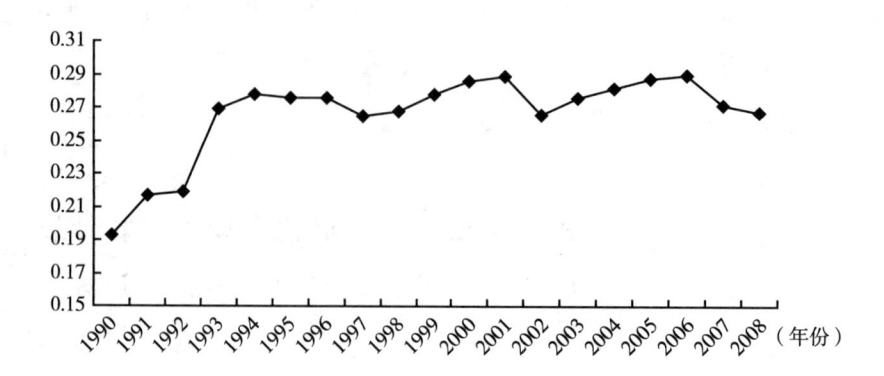

图 5　不同省份之间城镇居民人均可支配收入的差异，1990～2008 年

说明：根据不同年份《中国统计年鉴》中各省份城镇居民人均可支配收入的数据绘制。

虽然过去 30 年中，中国收入差距不断扩大，但是并没有出现两极分化的情况。收入差距扩大主要是由于高收入人群的收入增长超过了低收入人群的收入增长。而且，贫困人口大幅度下降。从这个意义上讲，中国的发展模式属于低绝对标准的包容性发展模式。

从贫困人口的变化上也可以看到贫困人群和低收入人群的收入处于不断增长的趋势。图 6 为 20 世纪 80 年代以来中国农村贫困人口的变化趋势。不难看出，无论是依据旧贫困线还是新贫困线[①]，贫困人口的数量都处于不断减少的趋势。依据旧贫困线，农村贫困人口从 80 年代初的 1.5 亿减少到 2007 年的 1600 万；依据新的贫困线，在过去 10 年农村贫困人口从近 1 亿减少到不足 4000 万。

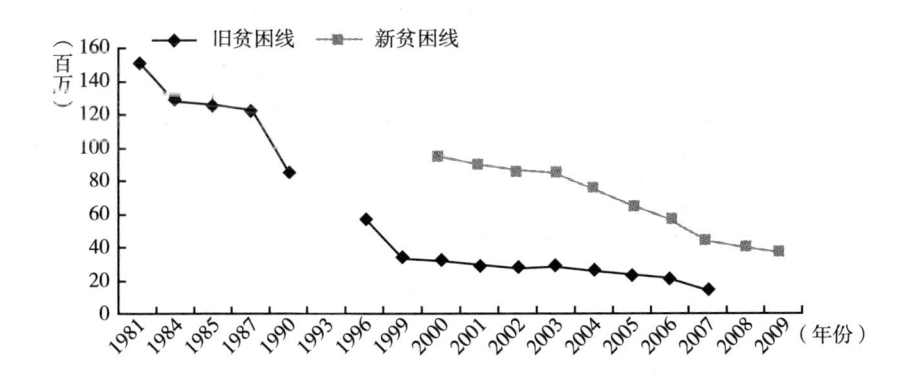

图 6　中国农村贫困人口变动趋势

资料来源：《中国农村贫困监测报告 2010》，中国统计出版社。

2011 年，中国政府为了承担更多的扶贫责任，将农村扶贫标准进一步提高，从 1360 元/年/人提高到 2300 元/年/人。在新贫困线下，农村贫困人口的数量会增加到

---

① 在 2009 年农村贫困线作了调整，旧贫困线为 889 元/日/人，而新贫困线为 1196 元/日/人（见《中国农村贫困监测报告 2010》，中国统计出版社）。

1.3亿。这意味着政府的扶贫政策会使得更多农村人口受益。

三 中国收入分配政策：从包容性发展角度的评价

在计划经济时代，中国政府的收入分配政策工具非常有限，缩小收入差距的措施主要是通过取消私有经济，并且在城市由政府对公有企业工资分配制度实行严格控制，在农村实行人民公社体制下的集体分配制度来实现的。当时人均收入水平很低，收入差距很小，收入分配政策变得无用武之地。过去10多年，中国政府引入了一些收入分配政策，并对一些政策不断进行调整，这主要表现为以下几个方面。

1. 农业税和农村税费改革

在计划经济时期，城镇居民虽然收入水平高于农村居民[①]，但是前者是不需要缴纳个人所得税的，而后者需要缴纳农业税和其他税费。农民负担的税赋包括农业税、农业特产税、屠宰税和契税，统称为"农业四税"。此外，农民还要缴纳各种名目的费，政府规定的部分称为"三提五统"，在许多地方其数额远高于农业税。除此之外，农民还要经常缴纳地方政府自立名目繁多的费。特别是在20世纪90年代，中国农户负担的税费达到了很高

---

① 在改革开放初期的1978年，城镇居民的人均收入为343元，农村居民人均收入为133元（见《中国统计摘要2008》第101页），前者为后者的2.6倍。

的水平①。

面对农民负担日益严重的问题，中央政府不得不痛下决心，从根本上解决问题。于是，从2006年开始全国范围内免征农业税，同时取消地方政府征收所谓的"三提五统"的权利。从2007年的住户调查数据可以看出，农户的税费负担变得微不足道。

表1显示了1988～2007年20年间农户税费负担的变化情况。在1988年平均税费负担为5%，1995年上升到5.3%。从2000年开始进行农业税改革试点，一些地方的税费负担开始下降，到2002年下降到2.8%。2006年全国范围内免征农业税后，2007年的农民平均税费负担下降到0.3%。这样一个变化过程反映了这段时期农民税费负担的大体情况。

表1还显示高收入组农户与低收入组农户承受的税费负担。不难看出，在1988年、1995年和2002年三个年度中，低收入农户承受的平均税（费）率要明显高于高收入农户。在1988年，最低收入10%农户负担的税（费）率相当于最高收入10%农户的近一倍；在1995年上升到4倍以上。在2002年虽然农户的平均税（费）率有所下降，但是低收入组农户与高收入组农户之间的税（费）率差别并没有发生根本的变化。

---

① 国务院发展研究中心"县乡财政与农民增收"课题组对三个农业县的近期农民负担进行了专门调查，他们发现，在1997年三个县的农民人均税费负担为12%，其中税费负担最高的一个县达到了28%（见陈锡文主编《中国县乡财政与农民增收入问题研究》，山西经济出版社，2003，第117页）。

表1 1988~2007年中国农户各收入组的平均税（费）率

等分收入组	1988年	1995年	2002年	2007年
最低10%	7.5	13.9	6.2	0.3
最低20%	6.5	12.0	5.4	0.3
最高20%	4.1	3.4	1.7	0.3
最高10%	3.8	3.0	1.5	0.4
总体	5.0	5.3	2.8	0.3

资料来源：根据1988年、1995年、2002年和2007年CHIP数据计算的结果。

从收入分配的角度来看，农村的税费政策具有很强的累退性。它不是利于收入差距的缩小，而是导致了收入差距的扩大。一是它扩大了农村内部的收入差距。计算结果显示，税（费）后的收入差距的基尼系数要大于税（费）前的收入差距的基尼系数，这一点在1995年尤为明显。这表明了税费导致了农村内部收入差距的扩大。二是它扩大了城乡之间居民收入差距。以1995年为例，城乡之间居民收入差距为2.47倍，如果农业税费全部减免，那么城乡之间居民收入差距会下降到2.34倍[①]。

由于不仅富裕农民要交税费，贫穷农民也要交税费，这会使得穷人变得穷上加穷，因而对农村贫困产生严重的影响。换句话说，农村居民负担的税费加重了农村贫困。这主要表现为它使得农村贫困发生率上升，使得贫困人口的生活水平进一步下降。我们利用1995年的数据进行了模

[①] 1995年城镇居民人均可支配收入为3893元，农村居民人均纯收入为1578元（见《中国统计年鉴1996》，第238页）。这一年农民人均税费额为其纯收入的5.3%，由此可以计算出它对城乡之间收入差距的影响作用。

拟测算，试图说明税费全部减免后农村贫困状况会发生什么样的变化。我们的模拟分析结果显示，按照官方的贫困线，1995年的农村实际贫困发生率为7.4%；如果农户的税费全部减免，其贫困发生率将下降为3.9%。也就是说，在税费全部减免后农村贫困人口将减少47%，同时贫困距下降了44%。由此可见，过去长期实行的农村税赋政策是加剧农村贫困的一个重要的政策因素。同时，它又反证了后来（2006年以后）实施的农村税费减免政策既有利于缩小收入差距，更加有助于减少贫困。

从包容性发展的角度来看，中国曾经实行的农村税费政策的初衷是为了增加政府财政收入，并没有考虑到它会起到扩大收入差距和加重贫困的负面效应，因而它是违反包容性发展模式的基本原则的。反过来说，中国政府后来采取的农村税费减免政策在一定程度上顺应了包容性发展的要求。

2. 个人所得税政策

中国个人所得税政策实施只有不到30年的历史，而且，在开始的近20年的时间内，由于个人所得税纳税的起征点远高于城镇居民的平均收入水平，其收入达到征税标准的人群比例很低，个人所得税并没有起到调节收入分配的作用。只是近10年内城镇居民个人收入的快速增长，加上起征点并没有及时做出调整，越来越多的人群需要缴纳个人所得税。其结果是，个人所得税增长速度超过了城镇居民收入的增长幅度，到2011年个人所得税总额已达到4837亿元，比1999年实际增长了9.4倍。然而，个人所得税在政府税收中的比例并不高,在2010年仅为6.6%,而政府的主要税收来自间接税,如增值税、消费税、营业税等。

即使个人所得税近几年有了快速增长,但是它对城镇居民收入分配的调节作用并不是很显著,这是因为中国的个人所得税是单项税(即对每一项收入进行征税),而不是综合税(即根据家庭收入和人口情况进行征税)。还有一个原因是一些高收入人群有各种各样的方法避税或逃税。为了对个人所得税的收入分配效应作进一步分析,也是为了回答它在多大程度上是累进的,而不是累退的,是有助于缩小收入差距,而不是扩大收入差距。我们利用2008年国家统计局城镇住户调查数据中12700个住户样本,对城镇住户缴纳个人所得税额及其税率(税额/收入)进行计算,其结果显示城镇住户缴纳的个人所得税,不论从绝对额来看,还是其税率来看,都比较低。2008年城镇居民人均交税额为267元,平均税率不足1%[①]。同时,我们还计算了十等分组每个收入组城镇住户缴纳的个人所得税额及其税率,如表2所示。不难看出,税率还是具有一定的累退性,即高收入组的税率要高于低收入组。这意味着至少到了2008年城镇个人所得税对收入分配具有一定的积极调解作用,虽然其作用相当有限。比如,最高收入组的人均

[①] 这一结果与全国个人所得税的数字有些不协调。根据国家财政统计数据,2008年全国个人所得税征收额为3722亿元。按照住户调查数据,以城镇居民6.07亿计算(来自统计局人口统计数),城镇居民缴纳的个人所得税仅为1621亿元。而农村居民是不可能缴纳剩余的2000多亿的个人所得税的。当然,即使全部个人所得税都是来自城镇居民,那么其负担的税率仅为其收入的3%。

收入与最低收入组人均收入比率由税前的 9.48 倍下降为税后的 9.29 倍。

表 2 2008 年城镇居民按收入十等分组的所得税负担情况

按收入十等分组	1(最低)	2	3	4	5
人均收入(元)	5427.4	8423.9	10665.9	12711.6	14830.6
人均交税额(元)	0.2	1.8	5.8	8.7	18.2
税率(%)	0.004	0.022	0.054	0.069	0.123
按收入十等分组	6	7	8	9	10(最高)
人均收入(元)	17265.8	20276.5	24258.0	30534.6	51466.6
人均交税额(元)	29.5	60.7	117.1	251.9	1059.2
税率(%)	0.171	0.299	0.483	0.825	2.058

资料来源：根据 2008 年 CHIP 数据计算的结果。

3. 最低生活保障制度

中国政府向低收入人群转移支付的福利项目是很有限的，其中之一是过去 10 年中推行的最低收入保障制度（低保）。该制度先是在城市推行，后来推广到农村。到 2010 年底，全国共有 2310.5 万城市居民和 5214 万农村居民得到了最低生活保障，农村获得低保收入[①]。全年各级财政共支出城市低保资金 524.7 亿元，比 2009 年增长 8.8%，其中中央财政补助资金为 365.6 亿元，占全部支出资金的 69.7%。得到最低生活保障人员主要为失业人员，无退休金的老年人和未成年人。这三类人员占享受低保人员总数

---

① http://www.mca.gov.cn/article/zwgk/mzyw/201106/20110600161364.shtml.

的70%以上①。2010年全国城市低保平均标准为251.2元/人/月，比上年增长10.3%；全国城市低保月人均补助水平189.0元，比上年提高9.9%。

虽然城镇低保对于收入差距的影响不大，但是对于缓解贫困的影响却是非常显著的。如果以各地低保线作为贫困线，那么利用CHIP 2007年城市住户调查数据可以测算出贫困发生率、贫困距和加权贫困距在低保前后的变化情况。其测算结果表明，就全部样本而言，贫困发生率下降了42%，更为重要的是贫困距和加权贫困距下降的幅度更大，分别下降了57%和63%（李实、杨穗，2009）。这意味着低保收入不仅使得相当一部分城市脱离了贫困，使其收入高出了贫困线，而且即使对于那些没有脱离贫困的人群来说，也改善了他们的生活水准，缓解了他们的贫困状态。

由此可见，城镇低保制度既是一种政府的收入转移政策，又是一种收入再分配政策。它对收入分配的影响，仅从缩小收入差距层面上来看，是相当有限的，然而从缓解贫困的层面来看，其作用却是明显的。可以说，它是一种有效的有利于减贫的收入分配政策。

相对于城镇低保而言，农村低保的推进要晚几年，直到2007年农村低保才开始在全国各个省份推广开来。如表3所示，在2004年全国只有8个省份对农村居民实行

---

① 见民政部《2010年社会服务发展统计报告》（http://www.mca.gov.cn/article/zwgk/mzyw/201106/20110600161364.shtml）。

了低保政策,享受保障的人口不足500万。后来几年中,越来越多的省份实施了低保政策,受保障的人群不断增加,而且保障水平也在逐年上升。例如,与2007年相比,2010年农村中享受低保的人数增加了46%,人均低保标准提高了67%,扣除农村通货膨胀率,实际幅度提高了55%以上。而且,低保户获得的人均低保收入也增加了近一倍。

表3 农村低保制度的发展

	覆盖省份（个）	低保对象（万户）	低保对象（万人）	低保覆盖率（%）	人均低保标准（元/月）	人均补差（元/月）
2004年	8	236	488	0.64	—	—
2005年	13	406	825	1.11	—	—
2006年	23	772	1593	2.16	—	35
2007年	31	1609	3566	4.90	70	39
2008年	31	1982	4306	5.97	82	50
2009年	31	2292	4760	6.61	101	68
2010年	31	2529	5214	7.24	117	74

资料来源:历年《民政事业发展统计报告》,http://www.mca.gov.cn/article/zwgk/tjsj/。

农村低保的覆盖率迅速扩展,但是由于保障水平较低,它对于缩小农村内部收入差距的影响作用是非常有限的。这一点与城镇低保的收入再分配的效果并无二致。那么,它对缓解农村贫困的作用又如何呢?我们利用2008年农村贫困监测调查数据,计算了低保人群和非低保人群获得低保收入前后FGT指数的变化,从中可以看出，低保政策使得享受低保的人群中的两成多摆脱了贫困，还使得没有脱贫的人群的贫困状况有了较为明显的改善。

4. 农村惠农政策

进入 21 世纪以来，为了更好地落实平衡发展的战略，中国政府出台了一系列惠农政策措施[①]。由于这些政策是针对农村地区，而且农村中大部分低收入农户受益于这些政策，所以在一定意义上这些政策具有调节收入分配、有利于低收入人群发展的效果。长期以来，中国农产品价格普遍偏低，加上土地经营的分散化和生产规模低，农业收益率处于很低水平，因此农民从农业生产经营中获得的收入是非常有限的。也就说，从事农业生产，特别是从事粮食生产的农民也一直属于低收入人群或贫困人群。一些相关研究表明，农民从农业中获得的收入分配更加平均，对农村内部收入差距扩大起到了抑制作用（Khan & Riskin，1998）。因而，对农业加以补贴，包括粮食补贴和农业生产资料价格补贴，会使得那些从事农业生产经营的农户从中获益，使他们的收入增长速度更快，从而缩小农村内部收入差距，降低其陷入贫困的风险。为了落实这些惠农政策，中央政府投入的资金不断增加。在 2004～2011 年间，中央财政支农资金由 1671 亿元增加到 10000 亿元左右，增

---

① 根据农户的受益方式，政府的惠农政策可分为两大类，一类是以直接增加农民收入为目的的补贴政策，主要包括粮食直接补贴、良种补贴、农机具购置补贴等；一类是以构建农户社会安全网为目的的公共服务性政策，主要包括新型合作医疗、教育"两免一补"、农村低保政策等。

加了近6倍，年增长率高达近30%。

还值得一提的是从1999年开始实行的退耕还林补偿政策。退耕还林工程试点工作先是在陕西、甘肃和四川三省开展。2000年，工程扩展到西部长江上游的云南、四川、贵州、重庆、湖北，黄河中上游的陕西、甘肃、青海、宁夏、内蒙古、山西、河南、新疆共13个省（自治区），174个县。2002年我国全面启动退耕还林工程，其范围从以西部为主的20个省（区）进一步扩展到全国25个省（区、市），1897个县。随着补偿的标准逐步提高，这项政策受到了当地农户的普遍欢迎。从项目的地域分布来看，受惠的农户都是生活在那些山区和少数民族地区，他们的收入水平远远低于全国平均水平，退耕还林政策在一定程度上使得他们的收入有了一定程度的提高。这有助于缩小农村内部收入差距和地区收入差距。同时这些人群又都是生活在贫困高发地区，退耕还林的直接补贴会有助于缓解这些地区的贫困状况，同时也有助于提高他们创收的机会。因为处于贫困边缘的人群具有较强的回避风险的意识，加上其收入低，缺乏承担风险和流动的成本，他们往往不愿意外出就业。对于穷人来说，退耕还林补偿金在一定程度上是一种风险金，会增加他们外出打工和从事非农就业的意向和机会。其结果是对缓解这些项目地区的贫困产生一定的作用。

应该说，这些惠农政策在农民收入构成中有一定的反映。如表4所示，2005~2008年间，贫困县的农户转移性收入在纯收入中所占比重上升了50%，贫困户的这一比重上升幅度更大，超过66%。而且，相比而言，贫困户的转移性收入在纯收入中所占比重要高于非贫困户。比如，在2008年前者比后者高出30%。农户转移性收入快速增长的推动因素主要是政府的惠农政策，其中尤为重要的是那些现金形式的补贴和救济，如粮食补贴和低保收入。

由于从住户调查中收集到各种补贴的信息是困难的，因此根据住户调查数据对各种补贴产生的收入分配效应和减贫效果进行数量上的估计是不现实的。在此，我们只能根据上述有限的信息对两种效应（收入分配效应和减贫效应）作出一些基本判断。首先，这些惠农政策无疑有助于缩小农村内部收入差距，或者说有助于抑制农村内部收入差距扩大的趋势。从一些宏观数据来看，在过去近10年中，中国农村内部收入差距出现了缓慢扩大的趋势，农村内部的基尼系数从2000年的0.35上升到2008年的0.38（张东生，2010）。这段时期的农村内部收入差距扩大速度明显低于前一个10年[①]。虽然影响农村内部收入差距扩大速度下降的因素是多方面的，然而中国政府实施的各种惠农政策无疑也是其中的重要原因之一。

5. 社会保障

在过去几年中，中国正在经历着社会保障制度改革，其中一个改革目标是建立全覆盖的社会保障体系。社会保

---

① 1990~1999年间，农村内部收入差距的基尼系数上升了大约5个百分点（见张东生，2010）。

表4　2005~2008年贫困县农户转移性收入在纯收入中的构成

单位：%

年份	转移性收入在纯收入中的构成		
	全部样本	贫困户样本	低收入户样本
2005	4.5	6.0	4.9
2006	5.0	9.4	6.1
2007	5.4	9.4	7.4
2008	6.8	10.1	

资料来源：相关年份的《国家统计局贫困监测报告》。

障制度向城镇中的非正规部门延伸，向城镇中的农民工扩展，向农村居民展开，都是值得肯定的改革方向。中国的社会保障制度改革所隐含的收入分配效应和减贫效应也值得重视和研究，然而在研究上存在一定的困难。这是因为社会保障属于公共政策的一部分，在很大程度上只是反映在政府或个人的支出上，而不是居民个人或家庭的收入上。然而，如果将收入的概念加以扩展，把它看作一种个人或家庭福祉的指标，那么只要是有助于增进个人或家庭福祉的社会保障项目都可以被看作其收入的一部分。也就是说，在家庭可支配收入相等的情况下，享有社会保障的家庭的实际收入（用福祉衡量的收入）要高于那些不享有社会保障的家庭。而且，我们也可以进一步估计每个家庭享有社会保障的市场价值，把其作为家庭实际收入的一部分，估算出包含社会保障的市场价值的实际收入。通过将家庭实际收入与传统意义上的家庭可支配收入进行比较，可以看出社会保障对收入分配的影响及对于缓解贫困的影响。

近几年进行的社会保障制度的扩展，使得农村居民逐步被纳入社会保障范围，城镇中的非正规部门就业人员，特别是农民工被纳入社会保障范围，它在一定程度上调整了分配关系，有助于缩小收入差距。由于这方面的研究不多，它在多大程度上缩小了城乡之间的收入差距，在多大程度上缩小了城镇内部和农村内部收入差距，又在多大程度上缩小了全国收入差距，我们并不十分清楚。尽管如此，但是有一点是清楚的，即建立全面覆盖的社会保障体系，让更多的人群享有社会保障，缩小不同人群的社会保障水平的差异，对于缩小收入差距和实现社会公平会起到积极作用。

对于中国来说，值得一提的是近几年农村社会保障的推进势头。迄今为止，农村新型合作医疗制度基本上覆盖了全部农村人口。到2010年底已全面覆盖有农业人口的县（市、区），参合农民达8.36亿人，参合率接近95%，全国累计11亿人次享受到了补偿[①]。而且近两年政府持续提高政府投入的资金比例，不断提高医疗费报销的比例，使得农民的实际受益程度不断提高。它对缓解农村贫困，特别是"因病致贫"情况下的贫困，具有重要的意义。从2010年开始的农村新农保（新型农村养老保险）试点改革，现在还看不出其具有的反贫困的特点，等2012年在全部农村地区铺开以后，它对于缓解贫困的作用，特别是对

---

① 数据来源：《中国统计年鉴2011》（见 http://www.stats.gov.cn/tjsj/ndsj/2011/indexch.htm）。

于缓解农村老年人的贫困，就会产生重要的意义。由于这些社会保障项目具有政府投入补贴资金的特点，在很大程度上也可以把它们称为政府的收入再分配政策，又可被称为促进包容性发展的收入分配政策。

四 实施更加有助于包容性发展的收入分配政策

从国际经验来看，中国的收入分配与再分配政策还有许多需要改进之处。这主要反映在：一是政策体系不完整；二是各项政策之间不够协调；三是政策的反贫困目标不够明确。从包容性发展的角度来看，中国的收入分配政策也需要完善和改进。根据我们前面提供的不同标准的包容性发展的概念，中国过去30年的经济和社会发展仍处于低绝对标准的包容性发展模式。从长期来看，这种发展模式是不可持续的，因为它不能保证社会成员平等地分享经济发展的成果，而过大的收入差距会导致经济发展的失衡和社会不稳定。因而，中国经济和社会发展需要从低绝对标准的包容性发展模式向高绝对标准的包容性发展模式转变，收入分配政策需要更加有助于促进这种转变。

收入分配政策可以区分为直接政策和间接政策两类。所谓直接政策是指政策本身作用于不同收入人群的收入，从而使得收入差距发生变化。如果直接收入分配政策导致了收入差距缩小，那么该政策就具有累进性功能；如果它导致了收入差距的扩大，那么其功能是累退性的。而间接政策是指通过改变其获取收入的机会和途径实现收入分配格局的变化，如就业政策有助于实现充分就业的目标，而增加就业具有缩小收入差距的作用，因此就业政策又被称为间接的收入分配政策。

基于上述考虑，本文提出以下收入分配政策的改革方向，特别强调其促进中国社会包容性发展的作用。

第一，中国应该把实现充分就业作为最重要的收入分配政策内容。实现充分就业也是包容性发展模式的主要目标之一。不论从缩小收入差距来看，还是从促进包容性发展来看，扩大就业都是政府优先考虑的政策目标。大量的研究表明，失业是导致收入差距扩大、加重贫困的主要因素之一。因此，扩大就业无疑有助于缩小收入差距和减缓贫困，对于发展中国家来说更是如此。对于中国这样一个人口大国和大量劳动力于非正规部门就业的经济体来说，实现充分就业也是其实现包容性发展的必要条件之一。

第二，中国的税收需要做出两方面的重大调整，以增强其收入分配与再分配的功能和反贫困的功能。第一方面是逐步减少间接税，增加直接税。税收理论告诉我们，间接税是对所有人纳税，而且不同收入人群的纳税比例是相同的。换句话说，谁消费多谁纳税多，穷人也要纳税，而且要与富人承担相同的税率。而直接税，是对个人所得（收入）和公司所得征税，可以根据收入多少制定累进的所得税率，从而增强其收入分配的调节作用。通过减少间接税在一定程度上有助于提高工资水平，使得低工资人群和工资有较快增长，对于缓解贫困也具有一定作用。第二方面是将个人所得税由现在的分项税改为综合税，前者是对每一项收入进行征税，而后者则是对家庭总收入征税。实行综合税可以避免低收入人群和贫困人口也缴税的尴尬局面，可以加强个人所得税缩小收入差距的功能。

第三，中国收入分配政策相对薄弱的另一个表现是政府转移支付项目的不足。已有的转移支付项目如城乡低保制度和社会救济项目也存在保障水平低的问题。政府应该对各类弱势人群，特别是无就业能力的弱势人群进行分类，根据各类弱势人群的特点制定相应的转移支付项目。我们除了需要对低收入人群实行最低生活保障外，还需要对残疾人、孤儿、艾滋病患者、低收入家庭的儿童和老年人、单亲家庭等弱势人群制定有针对性转移支付项目。一些国家的经验表明，给儿童补贴是一项缓解儿童贫困和避免儿童营养不良的有效政策。对于中国来说，实行全国范围内的儿童补贴制度是不现实的，但是并不意味着仅在农村地区或农村贫困地区实行这一政策，也可以在城镇中对低收入家庭实行儿童补贴。同样的，老年补贴政策也是一种可以选择的收入转移支付政策。中国长期实行的社会养老保险是与正规部门就业相挂钩的，也就是说，有很大一部分人群是没有社会养老保险的。农村中的老年人和城市中没有就业经历的老年人和从非正规部门退休的人员都属于这类人员。对于这类人员，采取老年补贴的方式是必要的，也是有利于缓解贫困的，因为他们往往是最容易陷入贫困的人群。

第四，社会保障制度的全覆盖和公共服务的均等化，不仅有助于调节收入分配关系，也有助于缓解贫困。这个改革的方向要坚持下去。在改革过程中需要注意的是，不仅要让贫困人口享受到社会保障的好处，而且要让他们付出最小的代价或不付代价。以农村新型合作医疗制度（新农合）为例，虽然近两年政府不断增加对新农合的资金投入，但是农民报销比例只是在50%水平上下，有不少地方还达不到这个比例。对于一些低收入家庭来说，仍存在医疗费中个人负担部分过高的问题，从而导致了一些经济困难的农民有病不医的问题。在这种情况下，可以考虑对不同收入人群实行不同的报销比例，收入越低的农民享受越高的报销比例。这样就可以使得"新农合"更具有反贫困的作用。对于一些地方实行的养老补贴也存在同样的问题，养老金的发放没有考虑到家庭的收入状况，采取"一刀切"的办法。因此，在今后制定老年人补贴制度时，应该根据老年人所在家庭的收入水平，制定三六九等的养老补贴标准，以便于养老补贴更具有反贫困的作用。

第五，中国的惠农政策还将持续一段时间，对于缩小城乡收入差距，缓解农村贫困都具有积极的意义。同时，在实施过程中还需要不断加以改进。其中一项重要的改进是增强其减贫的作用。现在的粮食直补是全国相对统一的标准，发达地区和贫困地区是同一个标准。为什么不能搞不同标准呢？对于落后地区，特别是贫困地区可以考虑提高粮食补贴的标准，让那里的务农农民和低收入农民获益更多一些。应该说，采取不同地区根据其收入水平制定不同的粮食补贴标准，在操作上是可行的，而且不会带来可预见的副作用。而且，该政策对于缓解贫困的作用会明显加强。同样对于其他的农业补贴，也应该从这个角度来考虑分地区有差别的补贴标准。

第六，在努力实现公共服务均等化目标的同时，要考虑对贫困地区和贫困人群给予更多的补偿。提出公共服务均等化的政策主张具有积极的意义，它试图修正过去长期以来实行的歧视性的公共服务政策。但是由于这些歧视性政策已经产生了长期效应，一部分受歧视人群如农民和农村流动人口，在人力资本积累方面和财富积累方面远远落后于社会一般水平。即使实现了公共服务均等化的目标，在短期内这些人群还是难以追赶上那些长期以来一直受到公共服务优惠的人群，他们陷入贫困的可能性还会高于其他人群。因此，在政策调整的开始阶段，公共服务供给更多地向这些人群倾斜也是完全必要的。只有这样才能尽快地消除不同人群发展机会的差别，才能使得弱势人群尽快地摆脱贫困。在这方面，一个最为突出的例子就是发展落后地区的基础教育。虽然农村基本上普及了九年义务教育，但是教育质量令人担忧。如果不能从根本上改变农村义务教育质量低下的问题，那么中国贫困问题就会持续存在，贫困就会随着农村人口转移，从农村"转移到"城市。而提高农村义务教育质量，缩小其与城市教育质量的差别，需要政府的大支持和大投入，需要优质教育资源向农村地区转移，向落后地区转移，向贫困地区转移。

总之，从包容性发展的角度来看，中国在改革收入分配制度和完善收入分配政策体系方面仍有很大发展空间。通过收入分配政策来支撑中国采取的包容性发展模式，可以带来更高的经济增长速度，更加平等的就业机会，更加公平的公共资源分享机制，更加和谐稳定的社会环境。

参考文献

[1] 陈锡文主编《中国县乡财政与农民增收入问题研究》，山西经济出版社，2003。

[2] 邓曲恒、李实：《农村社会保障进展及其减贫效果评估：以低保制度为例》，2010，为"《中国农村扶贫开发纲要（2001～2010年）》实施效果的评估报告"课题准备的背景报告。

[3] 国家统计局：《中国农村贫困监测报告2009》，中国统计出版社，2009。

[4] Gustafsson, Bjorn, Li Shi, Terry Sicular, *Income Inequality and Public Policy in China*, Cambridge University Press, April 2008.

[5] Khan, Aziz and Carl Riskin, "Income and Inequality in China: Composition, Distribution and Growth of Household Income, 1988 to 1995", *China Quarterly*, 154, June 1998.

[6] Li Shi, Luo Chuliang, Terry Sicular, "Changes in income inequality in China, 2002 - 2007", Paper presented in the Workshop of Income Inequality in China, Beijing, May 21 - 22, 2010.

[7] Li Shi, Hiroshi Sato and Terry Sicular, *Rising Inequality in China: Challenge to a Harmonious Society*, Cambridge University Press, 2013.

[8] 李实（主笔）"《中国农村扶贫开发纲要（2001～2010年）》实施效果的评估报告"。

[9] 李实、罗楚亮：《中国城乡收入差距的重新估计》，《北京大学学报》2007年第2期。

[10] 李实、杨穗：《中国城市低保政策对收入分配和贫困的影响作用》，《中国人口科学》2009年第5期。

[11] 李小云、张克云、唐丽霞：《一般惠农政策及其减贫效果评估》，为

"《中国农村扶贫开发纲要（2001~2010年）》实施效果的评估报告"课题准备的背景报告。

[12] Ravallion, Martin and Shaohua Chen, "China's (Uneven) Progress Against Poverty", World Bank, June 16, 2004.

[13] Sicular, Terry, YueXiming, Björn Gustafsson and Li Shi, The Urban-Rural Gap and Income Inequality in China. Discussion paper.

[14] 吴国宝、关冰、谭清香：《贫困地区国家粮食补贴政策实施有效性及减贫影响评价》，《中国农村贫困监测报告2008》，中国统计出版社，2008。

[15] Yue Ximing, Terry Sicular, Li Shi and Björn Gustafsson, Explaining Incomes and Inequality in China. Project Paper, 2005.

[16] 张东生主编《中国居民收入分配年度报告》，经济科学出版社，2010。

[17] 中国发展研究基金会：《中国发展报告2007：在发展中消除贫困》，中国发展出版社，2007。

[18] 佐藤宏、李实、岳希明：《中国农村税赋的再分配效应》，载于2006年8月《经济学报》。

第四章 中国包容性发展与财政政策选择[*]

苏 明

财政部财政科学研究所

引 言

包容性发展的基本含义是在全社会公平合理地分享经济增长成果，这是当前及未来中长期我国经济社会可持续发展需要解决的重大战略问题。本报告从理论与实践的结合上，深入论述了包容性发展的基本内涵、重要意义和政府财政的作用，客观揭示了近年来我国运用财政政策支持包容性发展的进展、成效与存在的主要问题，在此基础上，进一步提出近中期我国促进包容性发展的关键领域和财政政策取向。本报告的主要建议：一是充分发挥财政调节功能，推动社会收入分配从失衡向公平迈进；二是创新财政

---

[*] 本文为2012年中国政府"10·17减贫与发展高层论坛——包容性发展与减贫"的一份背景报告。

体制和分配机制，促使基本公共服务均等化迈出实质性步伐；三是加大财政支持力度，大力推进集中连片贫困地区的减贫与发展。

一 包容性发展的重要性及政府财政的作用

（一）正确界定包容性发展的内涵

近年来我国理论界开始引入"包容性增长"和"包容性发展"概念，并进行了一系列有益探讨。

一般认为，"包容性增长"最早由亚洲开发银行在2007年首次提出，最基本的含义是公平合理地分享经济增长，它涉及平等与公平的问题，包括可衡量的标准和更多的无形因素。在2012年6月出版的亚行报告《亚洲的贫困、收入差距与包容性增长》中，包容性增长被定义为"机会均等的增长"，主要政策含义包括：通过高速、有效且持续的经济增长创造生产性就业机会和经济机会；通过投资于人才能力建设和营造公平的竞争环境实现机会均等；改善社会保障体系，降低风险和冲击带来的影响，减少赤贫。因此，包容性增长旨在创造经济机会，并使所有人都能从中受益。

世界银行在2008年推出包容性发展的概念，当年发布的《增长报告：可持续增长和包容性发展的战略》明确提出，"包容性发展"就是要寻求社会和经济的协调、稳定和可持续的发展。通过一种规范稳定的制度安排，让每个人都有自由发展的平等机会，让更多的人享受改革和发展的成果；让困难群体得到多方面的保护，得到政府政策和投入方面的优惠；加强中小企业和个人能力建设；在经济增长过程中保持平衡，重视社会稳定等。

可以看出，上述关于包容性增长和包容性发展两个概念的界定，并无实质性的差别，二者都强调平等和公平，注重经济发展的成果涉及所有人群，注重发展和改善民生，注重提高劳动者特别是贫困人口、农村人口的收入和福利水平，注重制度创新和政策改进。

（二）充分认识实现包容性发展的重大战略意义

包容性发展已经超越了一般的学术探讨，日益变为我们党和政府的一种重要执政理念。在2009和2010年，胡锦涛总书记先后两次深入阐述了这一重要思想，这是我国未来中长期经济社会可持续发展的重要指导方针。"十二五"时期是我国实现全面建设小康社会奋斗目标的重要战略机遇期，转变经济发展方式任重道远，构建瞄向包容性发展的新发展范式势在必行，意义重大。

——包容性发展有利于促进城乡及区域之间的均衡发展。鼓励一部分人、一部分地区先富起来，先富带后富，最后实现共同富裕，这是社会主义的本质特征和要求。这一政策在改革开放初期对于打破中国经济发展的桎梏，促进经济的迅速发展，起到了巨大的作用。现在的问题是，由于种种原因，这一政策没有得到充分的落实，城乡、区域之间非均衡发展，贫富差距不断拉大，社会矛盾突出。

倡导包容性发展，通过以工补农、以城带乡，让富余的农村劳动力转移到二、三产业，有利于让农民和城市居民共享改革成果。同时，倡导包容性发展，继续实施西部开发、东北振兴及中部崛起等战略，对于促进区域协调发展也有重要作用。

——包容性发展有助于中国越过"中等收入陷阱"。"中等收入陷阱"指当一个国家的人均收入达到世界中等水平后，由于不能顺利实现经济发展方式的转变，导致新的增长动力不足，最终出现经济停滞徘徊的一种状态。经济增长回落或停滞、贫富分化、腐败多发、过度城市化、社会公共服务短缺、就业困难、社会动荡、信仰缺失、金融体系脆弱是"中等收入陷阱"的基本特征。达到中等收入水平的拉美国家、东南亚国家因为没有处理好发展战略、收入分配差距和对外经济关系等问题，无一例外地陷入了这一"陷阱"。30多年的改革开放使中国经济持续高速增长，居民收入不断提高，人均GDP达到5000美元的中等收入水平，当下中国正面临着陷入"中等收入陷阱"的巨大风险。包容性发展强调经济发展基础上的广泛的社会公平，要求公平与效率的统一，确保人民享有增长权利，突出强调教育、就业、医疗卫生、社会管理等社会民生事业，必然为中国越过"中等收入陷阱"提供持续动力和根本保障（张峰、罗海波，2011）。

——包容性发展有利于追求和实现社会公平正义。公平正义是社会建设的核心价值，最具包容性特点。着力促进人人平等获得发展机会，建立以权利公平、机会公平、规则公平、分配公平为主要内容的社会公平保障体系和机制，有利于消除人民参与经济发展、分享发展成果的障碍，形成人人参与、共建共享的良好局面，这在本质上体现了社会包容、和谐与公正。

（三）政府及公共财政在实现包容性发展中的作用

实现包容性发展，需要发挥市场和政府的共同作用。世界银行在《变革世界中的政府》报告中，通过近100多年世界各国经济发展和政府职能的实证研究，指出不论是发达国家，还是发展中国家，现代经济条件下政府的基本使命和任务包括：一是建立法律基础；二是保持非扭曲性的政策环境，包括宏观经济的稳定；三是投资于基本的社会服务与基础设施；四是保护低承受力的阶层；五是保护环境。可以看出，上述关于政府职能和作用的界定，已在相当程度上反映了追求包容性发展的客观要求。

亚洲开发银行对此问题进行了更为具体和深入的研究。在2012年新近出版的《亚洲的贫困、收入差距与包容性增长》中，全书四部分专门有一部分研究促进包容性增长相关政策和制度问题，概其要者：其一，政府必须为寻求劳动力充分就业付出努力和投入资源。报告指出，就业是基本人权，持续的失业和不充分就业是一种社会排斥，而产业政策在促进投资、以实现充分就业方面具有重要作用。此外，发展中经济体的成功转型要求将私营部门积极性嵌入到公共行动的框架中，这一框架鼓励重组、多样化和技术进步。其二，探索获取基本服务的论题，关注初级教育、医疗保健、供水和公共卫生和电力,提出用以改善获取基本服务(尤其是针对贫困社区)的许多优先政策,包括:使富人能够并负担得起服务;消除实物障碍;提升对所需服务以及获取途径的了解和认知;为提高服务质量作出更多努力;增强治理腐败。其三,为预防极端贫困而提供社会保障服务。报告指出,社会保障是包容性增长的基本要素,因为它是一种确保边缘化和脆弱人群参与增长并从中受益的机制。解决措施包括:加强社会保障体系的制度和行政能力以执行其核心职能,具体方法包括更好的会计核算、更严格的财务控制、人力资源开发、计算机化以及加大对利益相关者的信息披露;将针对全部人口的社会保障计划与针对特定高风险群体的计划区分开,从而有助于防止稀缺的社会保障资源被转移到不那么脆弱的群体中,同时使这些资源投向最需要的人群;使社会保障改革与其他的互补改革配套。其四,强调良好的治理和制度作为关键性政策议题对包容性增长战略的重要性。研究表明,治理和制度质量两者尤其是在政治责任、民主和控制腐败等维度上,与增长与收入水平两者之间的长期正相关是强烈和无可辩驳的,因此,增强政府效能、提高监管质量和法治以及控制腐败完全可以用作本区域许多发展中国家发展战略的潜在切入点。

既然政府在包容性发展中担负着非常重要的职责,那么,作为政府宏观调控手段的公共财政对于支持和促进包容性发展就必然承担着非常重要的使命和作用。一是公共财政通过参与国民收入分配和再分配活动,综合利用税收、支出、补助等政策手段，优化宏观收入分配格局，调节居民收入和财富的差异，加强对整个社会弱势群体的支持和保护。二是公共财政通过积极推进财政体制创新，动态调整转移支付制度和办法，不断完善和改进中央及地方及省以下政府间关系，可以为财力的纵向均衡和横向均衡奠定基础，从而有效地推进城乡之间、区域之间的相对均衡发展，为我国的中西部地区、贫困地区及整个农村的经济发展和基本公共服务获取提供财力基础。三是公共财政支持包容性发展，不仅具有直接的调节效应，而且通过资金分配、财税政策优惠等手段，有效发挥财政的间接调节效应或引导功能，也就是引导社会民间资金、银行资金及国外资金等向欠发达地区、向贫困地区、向"三农"倾斜，引导社会富裕阶层通过捐赠、慈善等手段向社会弱势群体给予帮助，从而使社会包容与和谐得到更好体现。

二 当前我国运用财政政策支持包容性发展的现状分析

"十一五"以来，我国经济持续快速发展，国家财政收支规模不断迈上新的台阶。2011年GDP已从2005年的18.3万亿元上升到47万亿元，全国财政收入从3.16万亿元上升到10.37万亿元，财政支出由3.39万亿元上升到10.89万亿元。随着国家财政经济实力的提高，国家采取了一系列重大财政改革与政策措施，对于社会包容性发展与和谐社会的构建发挥了关键性作用。

（一）近年来出台的主要财政政策及效果

1. 公共财政覆盖农村步伐明显加快

"三农"问题始终是我国现代化进程中的瓶颈，破解"三农"难题是实现包容性发展首先需要解决的问题。党的十七大首先提出，必须持续把解决好"三农"问题作为全党工作的重中之重，并将统筹城乡发展作为"五个统筹"之首，作为深入贯彻科学发展观的根本方法。随着针对解决"三农"问题认识的强化，政府财政支持力度也不断加大，公共财政覆盖农村步伐明显加快。一是"三农"财政政策体系不断完善。从2006年起对农民免税；从2004年起全国范围内对农民实施生产者补贴（种粮补贴、良种补贴、农机补贴、生产资料补贴）；加强农村的水、电、路等基础设施建设；建立健全农村基本公共服务体系（如改革农村义务教育经费保障机制、全面建立农村新型合作医疗、实施新型农村社会养老保险制度、建立农村最低生活保障制度等）；加强农村剩余劳动力转移培训；实施农村公共公益事业"一事一议"奖补机制等。二是"三农"财政投入增长很快。中央财政安排"三农"投入从2006年的3517.2亿元增加到2011年的10498亿元，6年累计投入40122亿元，年均增长24%。全国财政用于"三农"的支出2011年为29342亿元，比上年增长21.2%，占全国财政总支出的份额为26.9%。2012年国家继续加大财政"三农"支持力度，中央财政"三农"支出安排12286.6亿元，较上年增长17.9%。其中支持农业生产支出4724.2亿元,对农民四项补贴1628亿元,促进农村教育、卫生等社会事业发展支出5313.9亿元,农产品储备和利息等支出620.5亿元。三是财政"三农"投入的资金整合与管理不断规范。财政政策和资金投入的加强,对于促进农村经济社会的协调发展,增加农民收入,发挥了积极作用。

2. 集中财力保障和改善民生

保障和改善民生不仅关系到人民群众的生活,关系到经济平稳较快发展,而且是社会稳定的基石。党的十六大以来,财政部门按照科学发展观要求,坚持以人为本,优化支出结构,集中财力保障和改善民生,着力向社会事业发展的薄弱环节倾斜,向困难地区、基层和弱势群众倾斜,着力建立保障和改善民生的长效机制,努力让广大人民群众更好地分享改革和发展成果。2003~2007年,全国财政教育、社会保障和就业、医疗卫生、文化体育支出累计分别达到2.43万亿元、1.95万亿元、6311亿元和3111亿元,分别年均增长18.6%、14.9%、24.4%和16.5%,比上一个五年增长1.26倍、1.41倍、1.27倍和1.3倍。2008~2011年,财政的民生支出范围进一步拓宽,支持力度进一步加大。2011年,全国财政用在与人民群众生活直接相关的教育、医疗卫生、社会保障和就业、住房保障、文化方面的民生支出合计38108亿元,比上年增长30.3%;用在农业水利、公共交通运输、节能环保、城乡社区事务等与民生密切相关方面的支出合计35629亿元,上述两者合计,2011年全国财政的民生支出为73737亿元，占当年全国财政总支出的比重高达67.7%。应该说，当前财政的民生支出增长机制日益完善，我国的民生保障工作不断取得新进展。城乡免费义务教育全面实现，普通本科高校、高等和中等职业学校、家庭经济困难学生资助政策全面落实，城乡基本医疗保险制度和公共卫生服务体系建设全面推进，社会保障和就业制度框架不断完善，廉租住房保障制度基本建立，有力地促进了社会主义和谐社会建设（见表1）。

表1 近年来中央和地方财政的主要民生支出情况

单位：亿元

项目	2006年			2009年			2010年		
	全国	中央	地方	全国	中央	地方	全国	中央	地方
教育	4780.41	295.23	4485.18	10437.54	567.62	9869.92	12550.02	720.96	11829.06
文化、体育、传媒	841.98	83.72	758.26	1393.07	154.75	1238.32	1542.70	150.13	1392.57
社会保障就业	3031.58	246.81	2784.77	7606.68	454.37	7152.31	9130.62	450.30	8680.32
医疗卫生	1320.23	24.23	1296.00	3994.19	63.50	3930.69	4804.18	73.56	4730.62
城乡社区事务	—	—	—	4933.34	3.91	4929.43	5987.38	10.09	5977.29
住房保障支出	—	—	—	1804.07	455.18	1348.89	2376.88	386.48	1990.40

3. 转移支付向中西部欠发达地区倾斜

党的十六大以来，按照统筹区域、城乡协调发展的目标要求，通过不断进行动态调整，分税制财政体制及相应的转移支付制度逐步成为提高中央宏观调控能力、促进地区协调发展和基本公共服务均等化最重要的体制保障和制度安排，从而促进了中西部地区财力水平的上升，改善了中西部欠发达地区与发达地区基本公共服务的差异状况。近年来在完善分配办法的同时，着力加大转移支付力度。分税制改革以后，中央财政集中的收入主要用于对地方特别是中西部地区的转移支付。1994~2011年，中央对地方转移支付由550亿元增加到34881亿元，增长了62.4倍，年均增长28.4%；其中，财力性转移支付从189亿元增加到18311亿元，年均增长31.6%。转移支付的90%左右用于中西部地区，占地方一般预算支出比重由1994年的13.6%，提高到2011年的37.6%，年均上升约1.8个百分点。以2011年为例，中央对中西部各省的转移支付数量平均在1000亿元以上，黑龙江、广西、内蒙古等地均超过了1500亿元，有的地区甚至达到了2000亿元，有力地促进了区域协调发展和基本公共服务均等化。2007年如果将东部地区作为100，中西部地区按总人口计算的人均一般预算收入仅为31和33。中央通过转移支付后，中西部地区人均财力分别上升到47和55。到了2011年，区域间财力差距进一步缩小。在转移支付以前，如果东部地区是作为100计算的话，中部地区只有35，西部地区只有40左右，通过转移支付以后，西部已经达到了97，中部达到76，分配的均衡度大大提高，大大改善了地区之间人均财力水平的状况（见表2）。

表 2　中央对地方转移支付规模变化情况

单位：亿元，%

年份	中央对地方转移支付规模	财力性转移支付	专项转移支付	财力性转移支付占转移支付总额的比重	专项转移支付占转移支付总额的比重
1994	550	189	361	34.36	65.64
1995	606	231	375	38.12	61.88
1996	774	285	489	36.82	63.18
1997	845	327	518	38.70	61.30
1998	1239	361	878	29.14	70.86
1999	1966	542	1424	27.57	72.43
2000	2459	846	1613	34.40	65.60
2001	3692	1492	2200	40.41	59.59
2002	4345	1944	2401	44.74	55.26
2003	4836	2238	2598	46.28	53.72
2004	6357	2934	3423	46.15	53.85
2005	7727	4198	3529	54.33	45.67
2006	9571	5159	4412	53.90	46.10
2007	13991	7093	6898	50.70	49.30
2008	18663	8694	9967	46.59	53.41
2009	23677	11317	12359	47.80	52.20
2010	27347	13235	14112	48.40	51.60
2011	34881	18311	16569	52.49	47.51

4. 构建县级基本财力保障机制

县乡财政是国家财政的基层组织，也是县乡政府的职能部门，在推进县域范围内经济社会全面协调发展、加强农村公共产品供给、促进社会稳定和谐等方面担负着重要职责。2005年开始，针对县乡财政困难状况，财政部对县乡财政实施了"三奖一补"机制，计划用三年左右的时间使我国县乡财政困难问题得到明显缓解。即对财政困难县乡政府增加税收收入和省市级政府增加对财政困难县财力性转移支付给予奖励，对县乡政府精简机构和人员给予奖励，对产粮大量给予奖励，对以前缓解县乡财政困难工作做得好的地区给予补助。2005~2007年，中央财政每年都在增加"三奖一补"政策的投入力度，其中2005年投入150亿元，2006年投入235亿元，2007年投入335亿元，3年投入资金总量超过700亿元。"三奖一补"政策的实施产生了强烈的政策导向作用，调动了地区缓解县乡财政困难的积极性，带动地方安排的配套资金808亿元，全国791个财政困难县共增加财力1298亿元，平均每县（市）增加财力16410万元。到2007年，全国财政困难县个数已经由2005年的791个减少到27个，困扰多年的县乡财政困难得到明显缓解。从2010年起中央财政全面部署建立和完善县级基本财力保障机制，当年安排奖补资金682亿元，加强县级政府提供基本公共服务财力保障。2011年下达县级基本财力保障机制奖补资金775亿元，增长13.6%。2012年预算数更是超千亿元，达到1075亿元，增长38.7%。通过中央奖补机制的建立，加之引导和激励各地调整完善省以下财政体制，加大对县级财政转移支付力度，推动县域经济发展，强化县级财政收支管理等，从而有效提高了县级财力保障水平，基层财政困难大大缓解。

5. 大力支持扶贫开发

无论是从国内还是国际看，解决贫困问题始终是各自政府工作的重中之重，是实现包容性发展和促进社会稳定的重要内容，也是政府财政面临的一个重要职能。中国改革开放30多年，经济快速发展，同时坚持不懈地推进扶贫开发，使我国的减贫事业取得了巨大成功，在国际上享有盛誉，这当中财政政策发挥了十分重要的作用。2001年国家颁布实施了《中国农村扶贫开发纲要（2001～2010年）》（简称《纲要》），近10年来，中央和各省进一步加大扶贫资金投入，资金管理更为规范，有力地推进了减贫发展。其一，财政扶贫资金投入稳步增长。《纲要》实施以来的10年期间，中央财政累计投入专项扶贫资金1440多亿元，年平均增长9.7%，地方各级政府投入也不断增加。还通过财政贴息引导了1400多亿元的扶贫贷款投入。2010年中央、省级财政扶贫资金预算安排共302.68亿元，比上年增长15.7%。其中中央222.68亿元，增幅为12.9%；省级安排80亿元，增幅24.45%。其二，集中投入、突出重点。2010年在到省的212.88亿元中央财政扶贫资金中，安排到中西部22省209.4亿元，占扶贫资金总量的98.37%，其中西部占66.5%。投入国家重点县148.9亿元，投入贫困村191.2亿元。从支持内容看，包括开展贫困村整村推进、农村贫困劳动力转移培训、产业化扶贫和移民扶贫等。其三，创新机制，提高资金效益。包括贫困村互助资金试点、财政贴息引导、开展绩效考评等。通过上述措施，构建了多渠道促进减贫的财政政策框架体系，提升了贫困地区的反贫困能力，促进改善了发展环境和发展条件，缓解了贫困群众生产生活面临的突出困难，农村贫困人口从2000年底的9422万人减少到2010年的2688万人，贫困发生率从2000年的10.2%减少到2.8%（见表3）。

表3 全国与扶贫重点县贫困人口及贫困发生率

年份	贫困标准（元）	全国		扶贫重点县	
		贫困人口（万人）	贫困发生率（%）	贫困人口（万人）	贫困发生率（%）
2000	865	9422	10.2	—	—
2001	872	9030	9.8	—	—
2002	869	8645	9.2	4828	24.3
2003	882	8517	9.1	4706	23.7
2004	924	7587	8.0	4193	21.0
2005	944	6432	6.8	3611	18.0
2006	958	5698	6.0	3110	15.4
2007	1067	4320	4.6	2620	13.0
2008	1196	4007	4.2	2421	11.9
2009	1196	3597	3.8	2175	10.7
2010	1274	2688	2.8	1693	8.3

资料来源：国家统计局农村住房抽样调查、农村贫困监测调查。

（二）存在的主要问题

尽管近10多年国家财政采取了众多改革和政策措施支持包容性发展，并取得了显著成效，但必须看到，当前我国在经济高速增长的同时，包容性发展和社会和谐仍面临众多矛盾，择其要者如下。

1. 全社会收入差距趋于扩大，分配不公问题日益严重

其一，社会总体收入分配差异。国际上通常用基尼系数来判断收入分配公平程度，这个指数在0~1，数值越低，表明财富在社会成员之间的分配越均匀。国际上通常把0.4作为收入分配差距的"警戒线"。一般发达国家的基尼系数在0.24~0.36。根据世界银行的报告，20世纪60年代，我国基尼系数大约为0.17~0.18，20世纪80年代为0.21~0.27，从2000年开始，我国基尼系数已越过0.4的警戒线，并逐年上升。资料表明，我国的基尼系数1988年为0.382，1995年为0.445，2000年为0.454，2003年为0.458，2004年为0.465，2005年为0.47，2006年为0.47，2007年达到0.48，2010年则为0.54。根据联合国开发计划署的统计数字，中国目前占总人口20%的最贫困人口占收入或消费的份额只有4.7%，而占总人口20%的最富裕人口占收入或消费的份额高达50%。最高收入的20%人口的平均收入和最低收入20%人口的平均收入，这两个数字的比值在中国是10.7，而美国是8.4，俄罗斯是4.5，印度是4.9，最低的是日本，只有3.4。另据世界银行报告显示，美国是5%的人口掌握了60%的财富，而中国当前是1%的家庭掌握了全国41.4%的财富。这就意味着，改革开放以来，我国由世界上居民收入最平均的国家之一，变成世界上居民收入差距较大的国家之一。

其二，城乡间收入差异状况。改革以来，城乡居民收入都有较大幅度的增长，但收入差距在经历了1985年的低点之后逐年扩大，如1990年为1∶2.01，1995年为1∶2.72，2000年为1∶2.79，2005年为1∶3.22，2010年为1∶3.23（详见表4）。

表4　中国1978~2010年城乡居民家庭可支配收入

年份	城镇居民家庭人均可支配收入		农村居民家庭人均纯收入		城乡人均收入差距	城乡人均收入之比(以农民收入为1)
	绝对数（元）	指数（1978=100）	绝对数（元）	指数（1978=100）		
1978	343.4	100.0	133.6	100.0	209.8	1:2.58
1980	477.6	127.0	191.3	139.0	286.3	1:2.50
1985	739.1	160.4	397.6	268.9	341.5	1:1.86
1990	1510.2	198.1	686.3	311.2	823.9	1:2.01
1995	4283.0	212.4	1577.7	383.6	2705.3	1:2.72
2000	6280.0	290.3	2253.4	483.4	4026.6	1:2.79
2005	10493.0	383.7	3254.9	—	7238.1	1:3.22
2010	19109.4	965.2	5919.0	954.4	13190.0	1:3.23

其三，地区间收入差异状况。中国的地区差距在20世纪80年代有所下降，但20世纪90年代后一直在上升，中国地区总体差距主要来自内陆和沿海之间的差距。截至2009年，东部地区城镇居民家庭平均年收入为23153.21元，比中部、西部、东北部分别高7613.82元、7630.18元、7310.57元。江西省城镇单位就业人员平均工资（24156元）仅为上海市城镇单位就业人员平均工资（58336元）的41.4%。

其四，行业间收入差异状况。人力资源和社会保障部工资研究所发布的最新数据显示：收入最高和最低行业的差异已扩大到15倍，跃居全世界之首。职工平均工资最高的三个行业中，证券业人均17.21万元，是全国平均水平的6倍；其他金融业人均8.767万元，是全国平均水平的

3.1倍；航空业人均7.58万元，是全国平均水平的2.6倍。电力、电信、石油、金融、保险、水电气供应、烟草等国有行业的职工不足全国职工总数的8%，但工资和工资外收入总额却相当于全国职工工资总额的55%。"强资本、弱劳动"的现象非常突出。

2. 基本公共服务供给不足，发展失衡

党的十七大报告提出"围绕推进基本公共服务均等化和主体功能区建设，完善公共财政体系"。可见，促进公共服务均等化已成为完善我国公共财政体系的一项重要内容。近年来，根据中央部署，财政切实加大民生投入，基本公共服务取得了显著成效。但总体而言，我国基本公共服务供给不足、发展失衡的矛盾仍较突出。

从供给情况看，过去长期以来基本公共服务的标准和范围不明确，公益性服务领域投入长期不足，历史欠账较多，不能满足社会需求。

从城乡情况看，农村公共服务严重滞后，可及性差。在义务教育方面，2008年，城市普通小学和初级中学的生均教育经费分别是农村的1.2倍和1.3倍，城市普通中学高学历教师比例几乎是农村的2倍。在医疗卫生方面，2008年，城市每千人口病床数是农村的4.22倍，每千人口卫生技术人员数是农村的2.52倍，而农村地区的婴儿死亡率，5岁以下儿童死亡率和孕产妇死亡率则分别是城市的2.8倍、2.9倍和1.2倍。

从区域情况看，公共服务水平与经济发展水平正相关，但不同地区公共服务差距大于经济水平差距。近年来，地区间人均 GDP 差异系数在逐步缩小，但公共服务方面的差异系数仍较大。2008 年人均地方财政教育、社会保障和就业、医疗卫生支出差异系数为 0.529，远高于同期城镇居民人均可支配收入的差异系数（0.267）。再如，目前小学生均教育经费最高和最低的省份相差近 10 倍，财政对新农合的补助标准地区之间最多相差 4 倍以上。这些数据都反映出区域间存在的巨大差距。

此外，不同人群之间的差距也较大，城乡低收入家庭和社会弱势群体基本公共服务的权益还不能得到充分保障。2006 年，国务院颁布的《关于解决农民工问题的若干意见》中就农民工工资、就业、劳动保护、社会保障、户籍管理制度改革等方面，提出若干指导性意见。这些政策与措施的实施，使农民工的总体状况有了很大改善。但与城镇常住人口相比，农民工在工资收入、基本公共服务等方面，仍然存在较大差距。基本社会保障在农民工群体中的覆盖面偏低。2006 年，农民工参加基本医疗保险的工作取得很大进展，共有 2367 万农民工参保，比上年增加了 1878 万人。但是，农民工被纳入基本社会保障的比例仍然偏低。根据中国社会科学院发布的调查数据，目前农民工养老、失业、医疗、工伤、女职工互助合作保险的比例，分别为 33.7%、10.3%、21.6%、31.8% 和 5.5%，远低于城镇居民。农民工的企业补充保险、职工互助合作保险、商业保险的参保率更低，分别为 2.9%、3.1% 和 5.6%。国家统计局的调查表明，74.81% 的农民工未参加任何保险，农民工的养老保险、医疗保险、失业保险、工伤保险由单位购买的比例分别只有

11.89%、12.61%、8.41%和23.09%（人民网，2008）。

总体来说，近10年来，中国政府在义务教育、公共卫生与基本医疗服务、基本社会保障、公共就业服务等方面加大了供给力度。虽然我国基本公共服务均等化工作取得了一些积极进展，但由于生产力的发展水平还不高，社会建设相对滞后，中国的基本公共服务仍然面临着水平低、欠账多、覆盖面不宽、投入不足、供给不均衡等突出问题。从深层看，这些问题都是由于基本公共服务方面体制机制不健全不完善造成的，具体包括：公共财政保障机制不健全，供给制度城乡二元分割，基层公共服务资源条块分割且布局不合理，基层政府事权财权不匹配，以及缺乏有效的评估监督机制等。这既反映了经济社会发展不协调的矛盾，也反映了基本公共服务制度建设滞后的问题。因此，我国距离真正形成完整制度和达到均等化还有很大差距，未来的任务十分艰巨、紧迫，仍需付出极大的努力。

必须指出，基本公共服务供给在地区间、城乡间以及在不同社会群体间存在的较大差距将成为我国目前反贫困的重大阻碍。基本公共服务作为一种稀缺资源，其分配方式的公平与否也将制约着每个人能力发挥，尤其是公民的义务教育、基本医疗保健、最低生活保障等基础性公共服务供给，不仅关系到劳动力素质的提高，而且有着超出个人投资回报的巨大社会效益，是充分发挥个人潜能，实现个人平等参与机会的基本前提，也是影响居民收入水平的重要因素，而贫困发生的一个重要原因便是居民在地区间、城乡间收入差距的扩大。与30年前因缺乏基本生存条件导致贫困有所不同的是，当前的基本公共服务不到位、公共产品短缺，是贫困产生、积累和代际传递的重要根源。

3. 贫困问题仍然相当突出，扶贫攻坚面临新的挑战

如前所述，近两年来我国扶贫开发取得显著成就，农村贫民的生存和温饱问题基本解决。按原来的扶贫标准，我国2010年底的农村贫困人口减少到2688万人，提前实现了联合国千年发展目标中贫困人口减半的目标，为全球减贫事业做出重大贡献。但必须看到，中国作为发展中国家，人口多、底子薄，贫困问题仍然相当突出，扶贫工作面临新情况和新问题。

其一，按照国家新的扶贫标准，农村贫困人口数量庞大。根据经济社会发展的实际，适时提高扶贫标准是国际惯例。目前有88个发展中国家有扶贫标准。过去20年中有35个国家调整过自己的扶贫标准。1986年中国制订了206元的贫困标准。2000年适用625元的贫困标准和865元的低收入标准双轨制，2008年将贫困标准和低收入标准合一，统一使用1067元作为扶贫标准。2010年标准进一步调到1274元，2011年国家研究制订了新的2300元农村扶贫标准。按照新标准，我国农村贫困人口将从2688万人增加到1.28亿人，占农村户籍人口的13.4%。

其二，贫困地区人口收入水平低。收入指标是反映贫困状况的一个综合指标，从实际看，近10年贫困地区的农民收入始终不到全国平均水平的一半，全国扶贫重点县农民人均纯收入相当于全国平均水平的比重2000年为59.40%，2005年为53.0%，2010年扩大为55.3%（见表5）。

表5 全国与扶贫重点县农民人均纯收入比较

年份	全国（元）	扶贫重点县（元）	重点县是全国的（%）	重点县比全国（元）
2000	2253	1338	59.4	-915
2001	2366	1276	53.9	-1090
2002	2476	1305	52.7	-1171
2003	2622	1406	53.6	-1216
2004	2936	1585	54.0	-1351
2005	3255	1726	53.0	-1529
2006	3587	1928	53.7	-1659
2007	4140	2278	55.0	-1862
2008	4761	2611	54.8	-2150
2009	5153	2842	55.2	-2311
2010	5919	3273	55.3	-2646

资料来源：国家统计局农村住户抽样调查、农村贫困监测调查。

其三，贫困地区基础设施和公共服务不足情况仍较严重。目前农村用水、交通、通信、电力等基础设施建设仍有较大差距，农村医疗、教育等最基本的公共服务缺失情况仍较严重（见表6和表7）。

表6 2010年国家扶贫开发重点县基础设施建设不足情况

单位：%

分类	规模
取得饮用水困难的农户比例	8.9
贫困村中饮水困难的农户比重	9.9
饮用水水源有污染的农户比例	5.1
贫困村中取得燃料困难的农户比重	34.4
无厕所的农户比例	11.6
贫困村无厕所的农户比例	15.5

续表

分类	规模
不通公路的自然村比重	11.9
不通公路的行政村比重	0.5
不通公路的贫困村比重	13.7
不通电的自然村比重	2.0
不通电的行政村比重	1.2
不通电的贫困村比重	2.9
贫困村中不通电农户的比重	2.8
贫困村中没有取暖设备农户的比重	43.6
不通电话的自然村比重	7.1
不通电话的行政村比重	1.6
不通电话的贫困村比重	9.0
不能接收电视节目的自然村比重	4.4
不能接收电视节目的行政村比重	1.7
不能接收电视节目的贫困村比重	5.0

表7 2010年国家扶贫开发工作重点县公共服务不足情况

单位：%

分类	规模
义务教育阶段儿童失学率	2.3
有病不能及时就医的人口比重	8.6
贫困村中有病不能及时就医的农户比重	10.1
没有受过技能培训的劳动力比重（男性）	77.9
没有受过技能培训的劳动力比重（女性）	88.4
劳动力文盲率（男性）	5.5
劳动力文盲率（女性）	15.7
没有幼儿园/学前班的贫困村比重	49.9
没有卫生室的贫困村占调查村的比重	19.8
没有合格乡村医生/卫生员的贫困村比重	21.4
没有合格接生员的贫困村比重	24.7
没有举办过专业技术培训的贫困村比重	55.6
贫困村少数民族不会汉语的人口比例	26.8

资料来源：根据国家统计局《农村贫困监测资料2010》计算整理。

其四，14个连片特困地区扶贫攻坚范围广，难度大，任务异常艰巨。按照国家2011~2020新的扶贫纲要，国家确立了14个连片特困地区，涉及680个县，这些地区普遍特征是，自然条件差，生态脆弱，财政经济基础弱，人口受教育程度较低，因病致贫返贫现象突出，因此这些地区是全国扶贫对象最多、贫困发生率最高、扶贫工作难度最大的地区，需要国家和社会各界给予更多的政策支持和资金投入。

三 近中期促进我国包容性发展的财政政策取向与建议

实现包容性发展既是一项长远战略目标，也是当前社会各界关注和政府应着力解决的重大现实而紧迫的任务。根据前面理论和现实分析，近中期财政政策支持包容性发展的基本思路是：完善政策，增加投入，明确方向，抓住重点，解决突出矛盾，切实增强政策的针对性、有效性和前瞻性，逐步实现包容性发展的目标。现据此提出三点政策建议。

（一）充分发挥财政调节功能，推动社会收入分配从失衡向公平迈进

缩小收入分配差距，构建公平合理的收入分配关系，是当前政府和社会各方面关注的重大现实问题，是建立和谐社会和实现包容性发展需要解决的关键问题。收入

分配问题涉及面很广，这里仅从财税政策角度提出一些建议。

1. 完善税收政策

税收政策既有收入功能，又有调节功能，其在收入分配中的调节功能和作用非常重要，这方面的改革重点：一是改革个人所得税。个人所得税是调节收入差距的重要工具，我国目前实行的是分类所得税制，为了实现税负公平，缩小收入差距，政府在最近几年连续调高个税起征点。但是，个人所得税在调节收入差距方面的作用依然发挥不够，税负不公平的情况依然突出。与发达国家相比，我国以个人收入作为扣除标准，没有考虑到家庭负担，两个收入相同的个人可能面对迥然不同的家庭负担，但是在目前的税制下他们必须缴纳相同的税收。为此，应改革个人所得税制度，实行综合与分类相结合的个人所得税制，把居民的婚姻、家庭赡养人口、教育、养老等一些支出纳入家庭单位的税前扣除额范围。同时，要切实加强税收征管。二是运用税收政策支持就业创业。就业创业是保障和改善民生的头等大事，要对特殊群体（如大学生、农民工和特殊困难群体）就业给予税收优惠。小微企业的企业所得税和营业税起征点可进一步提高，税率可以下调，可由20%降到10%，同时清理整顿和取消有关收费，社会保障缴费在一定时期可缓缴。营业税改征增值税是一项重大的改革，对于减轻企业税负、促进第三产业发展和扩大就业，具有重要作用。建议在10省市扩大试点的基础上，总结经验，尽快在全国推开。三是加快出台房产税改革。目前政府在一部分城市实施的房屋销售限购措施，只能是过渡性的，要尽快出台房产税取代限购措施。要充分认识房产税对收入和财富的调节功能，同时它对房价的合理回归、银行风险的防范以及推进房地产和经济的长远健康发展，具有独特的作用。房产税的基本政策框架是：要把增量房和存量房统一纳入征税范围，要按照适当的人均面积而不是房屋套数作为免征额，要将房产的评估值作为计税依据，房产税要低税率起步，要在税政统一前提下适当赋予地方一定的征税自主权，要逐步使房产税发展成为地方市县政府的主体税种。四是完善第三次分配的税收政策。现在国际上把国民收入分配分为初次分配、再分配、第三次分配，所谓第三次分配就是通过捐赠、慈善等方式从富裕阶层中集中一定收入，用于对社会弱势群体的支持和帮助，是政府财政再分配的重要补充，也是社会救助的重要方式。在这方面要认真借鉴国际经验，积极鼓励发展慈善事业，制订出台慈善事业促进法，建立健全捐赠税收减免机制，形成良好的三次分配的社会氛围。

2. 完善财政支出政策

一是支持社会保障改革，提高财政的社保支出份额。近10年来我国的社会保障改革力度很大，其基本制度框架已经建立，长远的目标模式是城乡社保制度趋于统一，但近中期城乡之间社会保障制度存在一定的差异仍是必然选择，不过其差异水平应不断缩小。随着今后经济发展和国家财力水平的提高，中央和地方财政应适时适度提高对社会保障的支出份额和补助水平，同时应建立社会保障基金预算管理制度，使社会保障真正成为社会稳定的安全阀。国内外经验表明，社会保障由于覆盖范围广，保障内容多，涉及全社会人口，支出需要量大，支出刚性强，因此，一定要注意财政的可持续性问题，要防止陷入当前西方国家普遍面临的福利陷阱和债务危机。二是全力确保教育公平。教育公平是社会公平的起点，是缩小不同群体发展差距的重要途径。要健全投入机制，改善办学条件，推动地区之间、城乡之间、学校之间的教育均衡发展，促进公共教育资源配置向薄弱地区倾斜。要特别注意支持进城务工子女平等接受义务教育问题，将其逐步纳入现有城镇的公办学校范围。解决过去长时期存在的"就学歧视问题"。三是支持就业创业服务。城镇家庭的贫困与其家庭成员的就业状况直接相关，个体收入差异也与就业与否及就业的行业紧密相连。因此加强财政对就业创业的扶持是非常必要的。要激发高校毕业生、返乡农民工等人员的创业动力，加大企业培训和创业服务力度，更好落实完善鼓励企业的扶持政策，营造有利于创业的环境，提高创业成功率。要推进农村富余劳动力转移就业。进一步完善职业培训、就业服务、劳动维权三位一体的工作机制，逐步解决为农民工作的城镇就业、落户、子女就学、社会保障等方面的突出问题，积极稳妥地推进农民工城镇化进程。

3. 调整国企利润分配格局，完善国有资本经营预算制度

近年来我国"国进民退"已成为一个既定事实，国有企业过度垄断格局趋于强化，国家与企业分配关系明显不合理，已成为影响收入公平分配的一个重要因素。资料表明，2009年国企实现利润1.3万亿元，2010年国企盈利近2万亿元，同比增长37.9%，利润上缴比例应为5%~10%，但2009年的上缴比例仅为6%，2010年更是降至2.9%。而目前上市公司向股东分红的平均比例在40%左右。在其他一些国家，国有企业上缴的红利一般为盈利的30%~60%，有的甚至高达盈利的80%~90%。此外，国企上缴的红利目前主要在企业体系内部转移，没有明显惠及民众。2011年中央国有资本经营收入总量为800.61亿元，支出769.54亿元，其中723.6亿元又以各种名目返还给了企业，而调入公共财政用于社会保障等支出的只有40亿元，仅占国有资本经营支出的5.2%。因此，下一步，应深化改革，调整国家与企业利润分配关系，完善国有资本经营预算制度。基本思路是加大国有资本经营收益收缴力度，促进垄断行业和部门改革，统筹国有资本经营预算支出。结合消除国有企业过度垄断的配套改革，加大国有资本经营收益的上缴力度，可以降低企业部门收入，减少国有企业过高的垄断利润和特许权收入对于市场秩序的干扰；直接提高政府部门收入，集中更多的国有资本利润，用于提高对居民的经常性转移，更多地运用国有资本收益改进民生。其措施就是要在2007年已启动运行的国有资本经营预算框架下，较大幅度地提高国有资本经营预算收入收缴力度和统筹国有资本经营预算支出的使用。具体考虑：其一，提高收入收缴力度首先可在中央本级国有资本经营预算层面执行。提高国有资本经营预算收入，一是在促进垄断行业、部门深化改革的过程中，对于现行的征收比例做出调整。二是扩大征收范围，应当逐步向金融类以及部门所属的国有企业扩展。鉴于我国国有资产管理模式的特点，"国务院和地方人民政府依照法律、行政法规的规定，分别代表国家对国家出资企业履行出资人职责，享有出资人权益"，因此，对于地方层面，应鼓励支持建立国有资本经营预算制度，加强对国有资本收益的管理。其二，要高度重视统筹国有资本经营预算支出与公共财政预算体系内其他预算资金协调呼应的使用。现有的"资本支出、费用性支出、其他支出"的范围需适当修正。国有资本经营收入从本质上就是政府公共收入。对于国有资本经营预算支出，要坚持"资产全民所有，收益全民所用"的大原则。收益不仅可用于社会保障，而且有必要时可以经过法定程序，用于其他公共财政导向的支出而不应有障碍。而且，也正是在这种统筹协调各预算支出的前提下，通过中央财政更为有力的转移支付，才可能使地方各级分享中央企业所创造的利润，解决更多的民生问题（贾康、刘微，2010）。

（二）创新财政体制和分配机制，促使基本公共服务均等化迈出实质性步伐

基本公共服务均等化是促进减贫的重要途径，也是实现包容性的关键手段。近期国家已出台了《基本公共服务均等化（2011~2020）》规划，明确了基本公共服务的范围、标准和政策，下一步关键是抓规划实施，抓财政体制创新，增强公共财政保障能力。

1. 着力调整和优化财政支出结构

根据市场经济要求和我国现实情况，未来我国财政支出结构的基本方向是有保有压，增量调整要与存量调整同时推进，只有这样，才能使基本公共服务具有更加切实可靠的财政基础。一要加快行政体制改革，切实解决机构膨胀、财政供养人口过多、财政负担沉重的状况，使行政经费保持在一个合理的范围内。同时要继续采取措施，大力减少"三公"消费支出。二是完善财政投资政策。财政要从一般竞争性领域的投资果断退出，改变目前财政投资范围过宽、"撒胡椒面"的状况。三是集中财力加大民生投入，特别是加大对基本公共服务如教育、医疗卫生、就业服务、社会保障、生态环境等方面的支出力度。各级政府要优先安排预算用于基本公共服务，并确保增长幅度与财力的增长相匹配、同基本公共服务相适应，并推进实施按照地区常住人口安排基本公共服务支出。

2. 继续完善转移支付制度

未来要进一步扩大转移支付规模，优化转移支付结构，将均衡地区间财力差异、实现基本公共服务均等化作为财政转移支付制度设计的目标，更好地发挥转移支付对调节地区间财力差异、促进公共服务均等化的作用。一是提高均衡性转移支付规模和比例。均衡性转移支付是均等化效果最好的转移支付形式，但从现在情况看，如2009年，均衡性转移支付为3918亿元，占转移支付总额的比重仅为16.5%。因此，应该逐步提高其数额和所占比重，建议在"十二五"期间，提高10~15个百分点。在资金分配上，要继续向中西部倾斜；要鼓励禁止和限制开发地区加强生态建设和环境保护；要加大对资源枯竭型城市的支持力度；要增加民族地区转移支付，帮助少数民族地区加快发展。二是以推进基本公共服务均等化为目标，改进均衡性转移支付测算办法。为有效推进基本公共服务均等化，国家应研究制定各类基本公共服务的标准，并将其逐步纳入均衡性转移支付的范围。同时，改进均衡性转移支付测算办法，要考虑人口规模、人口密度、人均GDP、环境、生态、海拔、温度、少数民族等因素及行政与公共服务成本差异，结合各地实际情况，采用规范的公式化方法进行分配。三是规范现有专项转移支付。要清理整合现有专项转移支付项目，严格控制新的专项转移支付项目的设立。对已经不符合当前实际需要、不宜通过专项转移支付方式支持的项目，限期予以取消；对方向和用途类似、可以归并的项目，予以整合；对需要较长时期安排补助经费，且数额相对固定的项目，划转列入一般性转移支付。此外，要减少专项转移支付的地方政府配套。对属于中央事权范围内的支出，如军队、武警等经费支出，由中央财政负担，不再要求地方配套；属于中央与地方共同负担的事权，在要求地方配套时，由于各省对下财政体制不同，中央不宜统一规定省、市、县的具体分担比例；对于涉及地方事权的专款逐步取消，纳入一般性转移支付。四是探索建立中国特色的"对口支援"形式的横向转移支付机制。横向转移支付是在既定的财政体制下，同级的各地方政府之间财政资金的相互转移，以达到地区之间相互支援、缩小地区差距、均衡财力的目的。世界各国大都实行单一的纵向转移模式，即中央政府对地方政府、上级政府对下级政府的财政转移支付模式，只有德国、瑞典和比利时等少数国家实行纵向与横向混合的转移模式。就历史的路径依赖而言，我国地方政府之间虽然没有一个规范化、公式化、法制化的横向转移支付制度，但具有这种性质的"对口支援"早已存在。东部发达地区支援中西部不发达地区，有利于加快地区间的协调发展，提高国家整体经济发展水平，从而最终有利于东部地区经济的发展。因此，可以在目前以纵向转移模式为主的同时，试行横向转移支付。五是完善转移支付管理制度，提高转移支付的公正性和公开性。积极运用公式法、因素法科学合理地分配资金，减少资金分配的随意性，并加强使用监管和绩效评价。在公开一般性转移支付分配办法的同时，逐步将涉及民生的专项转移支付项目资金管理办法向社会公开，使之更加规范、透明，强化社会监督。

3. 加快建立县级基本财力保障机制

县级基本财力保障制度是实现县级财政从过去的"两保"（保工资、保运转）向今后的"三保"（保工资、保运转、保民生）迈进，这是我国下一步省以下财政体制改革的重要内容，也是从根本上解决县乡基层财政困难、促进省域范围公共产品均等化的制度创新。近年来，中央财政已采取了不少缓解县乡财政困难的措施，并取得了初步成效。下一步要加快建立县级基本财力保障机制，具体建议：一是明晰改革精神和政策取向。构建县级基本财力保障制度应该是"明确目标,地方为主,中央奖补,分步实施"。所谓"明确目标",就是确保县级财政的基本财力能够"三保",促进县级财力的均等化和县域社会经济的协调发展;所谓"地方为主",就是适应县级基本财力保障机制,以地方财政为责任主体;所谓"中央奖补",就是中央财政对欠发达地区给予重点补助,对县级基本财力保障好的地区给予适当奖励;所谓"分步实施"就是经过试点,取得经验,逐步在全国推开。二是通过体制创新实现县级基本财力保障机制的目标。改"上不封顶、下不保底"为"上不封顶、下要保底",进一步从机制上巩固和扩大缓解县乡财政困难的成果。目前的省管县改革更多的是实现了省对县资金的下拨上划方式变化,而并没有在事权、收支范围及转移支付方面有根本的突破。为此,下一步要构建县级基本财力保障制度,则应在扩大奖补资金规模,增强省级调控能力,完善保障措施上进一步改革。根据规划的目标,合理确定资金负担办法。新机制引入民生保障后,政策涵盖面和外延性较大,尽管中央财政在不断增加奖补规模,但引导作用仍显不足,应有大的扩充,在此基础上,根据中西部财力及民生工作面临的形势,确定更加有利于目标的实现、总体推进并付之于显著区别的资金负担办法。要科学确定县级财政"三保"的范围、标准和财力需求,在范围和标准制定上,既要兼顾面上的推进,又应注重提高保障水平。在保障措施上,对财力较好的上级政策资金引导其发挥内生动力,对财力较差的,应尽量通过上级加大调节力度予以带动。

4. 积极推进创新基本公共服务供给机制创新

公共服务供给机制创新是转换政府职能、提高行政效能的需要，也是提高公共服务供给效率、推进基本公共服务均等化和确保贫困人口更公平收益的重要途径。一是完善公共服务的提供策略，确保低收入人群和贫困人口能从基本公共服务项目中平等、充分地获益。要注意降低甚至消除获得基本公共服务的各类门槛，确保基本公共服务对于贫困人口的可及性。比如，在推进基本公共卫生服务均等化的过程中，制度设计各类服务项目时就应充分关注贫困人口和低收入人群对公共服务的可及时、可获得性，应尽可能地使贫困人口更多地、更为公平地从基本公共服务项目中受益。二是建立基本公共服务多元化供给机制，大力拓展社会扶贫。在坚持公益事业发展由政府主导的原则下，探索基本公共服务多元化、多样化供给，充分发挥社会组织在提供基本公共服务方面的积极作用，建立基本公共服务供给的市场机制，提高公共服务效率和质量。一些基本公共服务领域，包括基础教育、医疗卫生、就业培训等方面，都可以对传统的预算拨款、政府直接举办并提供的方式进行大胆改革，探索、创新有效的供给机制。比如，用"教育券、健康券"代替传统教育、卫生经费的拨付方式，放宽基本公共服务投资的准入限制，通过招标采购、合约出租、特许经营、政府参股等形式，创新政府基本公共服务投资体制，将原由政府包揽的直接供给职能交由市场主体行使，政府主要职责转换到做好筹资与监管。三是建立和完善基本公共服务需求和利益表达机制。建立和完善贫困地区公共物品需求和利益表达机制，使贫困地区需要什么样的公共物品、偏好如何、优先序如何、需要多少以及利益诉求等，均可通过恰当的机制充分表达出来，并通过一定的程序使这种需求转变为政策决策的参考依据和行动目标。建立和完善贫困地区地方公共物品需求和利益表达机制对于保持地方公共物品供求关系的相对平衡、减少公共资源浪费、减轻农民负担、维护农村贫困人口合理权益、改善干群关系、维护农村贫困人口合理权益、改善干群关系、维护社会稳定，都具有非常重要的意义。逐步建立政府行政承诺制度、听证制度、信息查询咨询制度，确保基本公共服务供给充分体现公众需求。

（三）加大财政支持力度，大力推进集中连片贫困地区减贫与发展

鉴于当前中国经济发展进入新阶段，以及扶贫标准提高和扶贫人口的增加，我国下一步扶贫方式发生重大改变，即大力推进集中连片贫困地区的减贫与发展。财政政策在这方面的责任更重，需采取以下对策。

1. 建立健全国家和社会多元化的扶贫投入机制

扶贫工作是一项社会公益事业，政府财政对解决贫困问题具有重要的制导作用。同时必须看到，贫困地区的减贫与发展涉及贫困地区的产业发展、公共服务提供、居民收入增长等，仅靠财政单一渠道远远不足，财政也负担不起，因此，必须建立国家和社会多元化的扶贫投入机制。

一是确保财政扶贫投入的合理增长。财政扶贫资金的增加要与政府职能、国家财力增长、贫困发生率及扶贫开发需要相适应,中央财政和地方各级行政都有责任增加扶贫投入,提高扶贫资金在预算支出中的比重。二是中央的转移支付要向贫困地区倾斜。要按照地方人均财力作为均等化转移支付的核心因素,各项专项转移支付也要提高对贫困地区的分配份额,省一级的各类转移支付也要向贫困地区倾斜。三是继续保持并逐步增加信贷扶贫资金规模。要研究制订信贷扶贫战略和政策,通过完善财政贴息政策,引导银行增加扶贫贷方投入,降低贫困地区的贷款利息负担。四是鼓励各种经济成分的企业特别是民间企业和外资到贫困地区进行投资开发。在实行优惠财政、税收政策的基础上,注重创造良好的投资环境和便利条件。

2. 国家的公共政策要向贫困地区倾斜

要把农村反贫困行动纳入国民经济和社会发展整体规划中,国家的相关政策要适当偏向于贫困地区和贫困人口。一是实施差别化产业发展政策。国家制订贫困地区鼓励类产业目录和外商投资优势产业目录,在项目审批核准、投资、用地等方面给予政策倾斜。二是提高国家对贫困地区的投资支持力度。国家有关部门专项资金投入要向片区倾斜,提高对公路、铁路、民航、水利、林业等建设项目投资补助标准或资本金注入比例。三是制定优惠的土地政策。国家新增建设用地指标要优先满足片区易地搬迁建房需要,同时支持探索通过补充相同耕地面积、落实占补平衡的前提下,研究提高补充耕地质量的新途径。四是合理确定片区节能减排指标和主要污染物排放量。贫困地区工业化程度一般较低，经济发展又受到环境的硬约束，国家的相关环境约束指标应考虑地区差异。同时，中央财政要加大对贫困地区淘汰落后生产能力和关闭小企业的支持力度。五是取消片区内中央有关补助资金的资金配套。中央开始沿用多年的地方配套政策，其出发点是调动地方投入的积极性，但贫困地区财力有限，往往无能力配套，甚至出现虚配假配情况。因此，国家在连片特困地区安排的各类公益性建设项目，有必要取消县及县以下的资金配套。六是实施税收优惠政策。要通过减免税、投资抵免、减计收入、加计扣除等方式，支持贫困地区发展。同时，推进资源税改革，按照统一部署，将适宜从量计征的产品改为从价计征，适当提高部分黑色金属、有色金属矿原矿和其他非金属矿原矿的税率标准。

3. 明确国家资金投入及政策扶持的重点和方向

新时期如何尽快改变连片特困地区的落后面貌，让贫困群众普遍受益，至关重要的是，抓住扶持重点，明确资金投向。一是突破基础设施瓶颈制约。连片特困地区大多处于山区、边远地区，基础设施仍较滞后，要集中财力率先解决饮用水安全、道路、通电、通信、小型水利设施等贫困地区迫切需要解决的问题。同时，还要把贫困地区的农民危房改造纳入国家的补助范围。国家的农村基础设施"一事一议"要向贫困地区倾斜。对生存条件恶劣、不适合人类居住的地区，要逐步实行易地扶贫搬迁。二是壮大扶贫主导产业。要继续着力扶持传统特色优势产业，不少贫困地区往往是"产粮大县，财政穷县"，国家要通过提高粮食收购价格、加强农业生产扶持、提高重点产粮县转移支付份额、将粮食产量和调出量与产粮大县奖补挂钩等政策，积极支持贫困地区发展粮食生产。我国一些贫困地区还重点培育了马铃薯、经济林果、草地畜牧业、棉花等扶贫主导产业，国家的政策及扶贫资金也应给予必要的扶持。此外，还应积极支持贫困地区发展旅游业及环保节能产业、新能源产业等新兴产业或战略性新兴产业，这是贫困地区优化产业结构和发展经济的战略之举。三是提升自我发展能力。脱贫致富，教育为本，因此，下一步关键是教育扶贫还要加力，要建立中小学公用经费稳定增长机制，确保"十二五"期末生均教育经费达到全国平均水平，巩固和提高贫困地区义务教育水平。要大力发展免费职业教育，使未升入高中和大学的贫困地区学生立即转入职业教育体系学到专业技能。

4. 从长远讲，构建惠及所有穷人共享式的城乡一体化发展模式和公共政策体系

从长期来说，中国必须建立一套可以惠及脆弱群体，使之共享城乡一体化发展成果的政策体系和发展模式，避免伴随发展中国家城市化进程中所普遍存在的贫富差距拉大、贫富群体隔阂以及紧张关系的通病。一是大力支持发展劳动密集型产业，解决大量农村劳动力在城镇稳定就业问题。为外出打工人员提供培训项目在中国以及其他国家都已经被证明非常成功。例如，在印度的安德拉邦，对弱势的年轻劳动者进行三个月的培训之后，可在城市或近郊地区为他们提供就业选择机会；在孟加拉国，对农村贫困家庭相似的短期培训也非常成功，为他们在城市或者近郊工作提供技能培训，同时给予食物上的援助。二是构建城乡统一、平等的生产要素市场。推行"非精英化"的户籍制度改革，使大部分的城市就业人口可以达到入户的门槛。给予农村土地真正完整的产权，实现城乡建设用地同地、同权、同价。保证对失地农民的公平"补偿"。三是建立城乡一体而非城乡分割的、"碎片化"的公共服务政策体系，将城乡居民作为一个群体，从全国层次构建覆盖城乡脆弱群体的生计安全网。在社会保险计划中的很多农民工在一段时间后即选择撤保，是因为当他们选择搬迁时无法享受保险给其带来的利益。此外，当他们选择撤保时通常也只能拿回自己为这些资金贡献的份额，而雇主为他们支付的保险金仍留在当地。为了解决农民工的问题，不仅现有的计划本身需要延伸，而且需要制定新的独立项目来满足农民工的特殊需求。考虑到各省经济发展程度的不同和现行财政转移支付政策的制约，可在中央财政给予一定支持的情况下，鼓励各省先实现城乡公共服务体系的省内统筹，待条件成熟时，再扩展到全国范围内的一体化。四是建立"属人"和"属地"相结合、具有贫困视角的财政转移支付制度。教育、医疗、养老保险、扶贫等公共服务，应强化针对"属人"而非"属地"的补贴机制。五是充分考虑农村留守人群对基本公共服务的可及性，在财政资金的分配上统筹考虑城镇化所引发的城镇公共服务资金需求的膨胀以及农村弱势留守人群对公共服务的基本需求，使财政转移支付能够惠及留守群体，避免将这类弱势群体进一步边缘化（联合国开发计划署课题组，2010 年）。

参考文献

［1］世界银行：《可持续增长和包容性发展的战略》，中国金融出版社，2008。
［2］联合国开发计划署和中国国际扶贫中心：《面向建立一个更具包容性的扶贫战略：主要的挑战和建议》（讨论稿），2010。
［3］亚洲开发银行：《亚洲的贫困、收入差距与包容性增长》，中国财政经济出版社，2012。
［4］世界银行：《变革世界中的政府》，中国财政经济出版社，1997。
［5］贾康、刘微：《提高国民收入分配"两个比重"，遏制收入差距扩大的财税思考与建议》，载财政部科研所《研究报告》2010 年第 93 期。
［6］张峰、冯海波：《"包容性增长"的科学内涵及其世界历史意义》，载《吉首大学学报》2011 年第 1 期。
［7］苏明等：《中国财政体制改革研究》，载《经济研究参考》2011 年第 50 期。
［8］苏明：《实施西部大开发战略的财政政策定位与建议》，载财政部科研所《研究报告》2010 年第 95 期。
［9］苏明、刘军民等著《转变经济方式背景下的基本公共服务均等化与减贫》，中国农业出版社，2011。
［10］《中国扶贫开发年鉴 2011》，中国财政经济出版社，2011。

第五章 支持包容性发展的人口与就业政策

蔡昉 王美艳
中国社会科学院人口与劳动经济研究所

改革开放以来，伴随着经济体制改革和高速经济增长，中国开始形成与社会主义市场经济相适应的社会政策体系，具有可持续发展和高度关注民生的特点，并于21世纪以来日益增强其包容性。以实现人口资源环境协调发展为取向的人口政策、以充分就业和分享经济发展成果为目标的就业政策，是这种包容性政策的重要组成部分，也是其中作用斐然的领域。本文介绍中国的人口政策和就业政策制定和实施的特点及效果，揭示人口与就业领域面临的紧迫挑战，并对未来政策调整，提出一些政策建议。

一 人口政策的内涵、效果和演变

1. 人口政策形成和以人为本的出发点

从20世纪70年代开始，中国政府就提倡"晚、稀、少"（即提倡晚婚、拉大生育间隔和少生）的计划生育政策，直到20世纪80年代独生子女政策正式形成，中国卓有成效的计划生育政策已经走过了数十年的历程。中国人口政策的制定和执行，始终是从提高人民的物质和文化水平出发的。1980年9月25日发表的《中共中央关于控制我国人口增长问题致全体共产党员共青团员的公开信》（下文简称《公开信》），实际上就是正式宣布了国家实行独生子女政策。《公开信》以谈心的口吻，论证了计划生育政策"是一项关系到四个现代化建设的速度和前途，关系到子孙后代的健康和幸福，符合全国人民长远利益和当前利益的重大措施"。

1991年，中共中央、国务院发布了《关于加强计划生育工作严格控制人口增长的决定》，在进一步强调严格控制人口增长的同时，重申了既定的人口与计划生育政策，要求保持政策的稳定性和连续性[1]。之后，各省、自治区、直辖市都按照各地的实际情况，相继制定了各省、自治区、直辖市的计划生育条例，并且经各地人大常委会审议通过后，作为地方法规执行。到20世纪90年代初，全国范围内的计划生育政策完善工作告一段落。

严格计划生育政策的颁布，实际上与邓小平制定"三步走"战略密切相关。在整个20世纪70年代末到80年代后期，邓小平都在反复调研、咨询和思考"翻两番"、达

---

[1]《中共中央、国务院关于加强计划生育工作严格控制人口增长的决定》，中发〔1991〕9号，1991年5月12日。

到"小康""八百美元"等目标的可行性（杨凤城，2011）。在充分调研、论证和经济发展实践的基础上，到中共十三大召开前夕，邓小平在接见国外客人时，阐述了"三步走"的战略思想。党的十三大明确而系统地阐述了"三步走"的发展战略，即第一步，从1981年到1990年实现国民生产总值比1980年翻一番，解决人民的温饱问题；第二步，从1991年到20世纪末，使国民生产总值再增长一倍，人民生活达到小康水平；第三步，到21世纪中叶，人均国民生产总值达到中等发达国家水平，人民生活比较富裕，基本实现现代化。

2002年，党的十六大做出一项关系改革开放和现代化建设全局的重大决策：在原定现代化建设"三步走"战略部署基础上，从"第三步"即21世纪上半叶的50年中，划出其中头20年（2001~2020年），作为"集中力量，全面建设惠及十几亿人口的更高水平的小康社会"的发展阶段，作为"实现现代化建设第三步战略目标必经的承上启下的发展阶段"。而保持人口、资源、环境的协调关系，相应成为全面建设小康社会的重要保障。

可见，从早期的自愿性节制生育的号召，到1980年以《公开信》的发表为标志的严格的独生子女政策，中国人口政策的形成，根本的出发点是配合国家战略规划的实施，有利于加快经济发展，尽快提高人民生活水平。

2. 人口政策执行模式和激励机制的变化

因其以人为本的出发点，人口政策执行中总体上是努力做到激励相容和与时俱进的。在计划生育政策实施初期，政策目标与老百姓生育意愿差距较大，政策执行借助了更多的行政手段，一方面确有一些群众对这种工作方法不满意，另一方面计划生育行政工作也成为"天下第一难"。

随着人口出生率逐步下降，计划生育工作执行方法不断创新，即工作手段从行政性手段转向更加注重利益导向，工作内容从管理约束转向更加注重服务关怀，也更加借助宣传手段。相应的，以计划生育家庭奖励扶助制度、"少生快富"工程和特别扶助制度为主体的利益导向政策体系初步形成。计划生育优质服务和生育关怀行动普遍开展。婚育新风进万家活动、关爱女孩行动和新农村新家庭计划深入推进。

中国现行的生育政策是在长期实践中逐渐形成的，既有法律的统一要求，又充分考虑了各地的实际情况，并且随着人口形势的变化和经济社会发展的需要，不断调整和完善，具体的生育政策体现在各地的人口与计划生育条例中。人们常常把中国的人口政策简化为"一胎政策"，其实这是不准确的。由于经济社会发展很不平衡，生育政策在地区之间、城乡之间、汉族和少数民族之间都有所区别，总体上看，农村宽于城市，西部宽于东部和中部，少数民族宽于汉族。按照现行生育政策，全国总体政策生育率为1.47左右，全国实际执行一孩生育政策的人口大约为60%。

近些年，各地在保持现行生育政策稳定的同时，对本地生育政策进行了小幅度的微调。例如，目前全国所有省、直辖市、自治区都允许双方为独生子女的夫妇生育两个孩子;天津、辽宁、吉林、上海、江苏、安徽、福建等7省(市)的农村居民实行了夫妇一方为独生子女的可生育两个孩子政策;吉林、海南、上海、甘肃、新疆、湖南、浙江、内蒙古、山西、湖北、广东、江西等省(区、市)取消或放宽了生育间隔规定;河北、辽宁、吉林、广东、新疆等省(区)则放宽了再婚夫妇的生育政策。

3. 前所未有的人口转变：生育率的下降

人口政策的实施以及经济社会发展，导致生育率的大幅度降低。1970~1980年间，中国的总和生育率发生了急剧下降。但是，在20世纪80年代早期，总和生育率依然在更替水平之上。随着1980年实施严格的独生子女政策，而更主要的是自那以后的改革开放所激发的经济社会高速发展，生育率进一步降低，于20世纪90年代初降到低于2.1的更替水平（图1）。

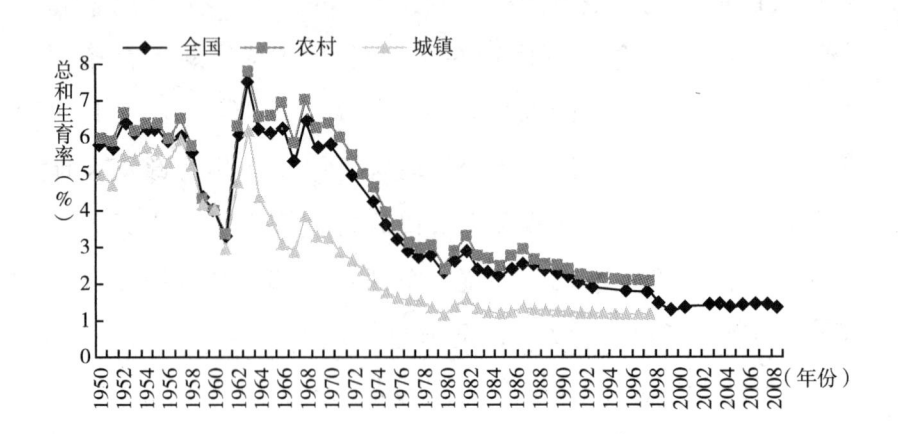

图1 中国分城乡生育率下降趋势

资料来源：1998年以前根据中国人口信息研究中心数据库计算，1998年以后根据历次人口抽样调查数据计算。

其后，中国的总和生育率进一步下降。目前，总和生育率已经连续多年低于1.5（顾宝昌、李建新，2010）。根据联合国的统计，2006年中国的总和生育率为1.4，同期世界平均水平为2.6。2005~2010年间，发达地区总和生育率平均为1.6，不发达地区（不包括最不发达国家）为2.5。中国已经进入全世界生育率最低国家的行列（联合国，2010）。

4. 积极效果：人口红利对经济增长的贡献

在改革开放以来的整个二元经济发展时期，中国高速经济增长显著地获益于人口红利。这既符合经济理论的预期，又具有中国特色，并且可以得到统计印证。人口转变对经济增长做出的贡献，表现在经济增长源泉的以下几个方面[①]。

首先，人口抚养比的持续下降，为高速经济增长中的资本形成提供了人口基础，有利于国民经济保持较高的储蓄率。这个因素表现在资本投入的贡献率之中。

其次，劳动年龄人口持续增长，保证了充足的劳动力供给，并随着劳动者受教育程度的提高，使中国在参与经济全球化过程中保持了明显的同等素质劳动力的低成本优势。这些因素对经济增长的效应，表现为生产函数中劳动投入和人力资本积累等变量的增长贡献。

第三，改革时期农业剩余劳动力大规模转移，创造了

---

① 兰德公司的一份报告指出，人口红利是通过增加劳动力供给、扩大储蓄以及人力资本投入与回报上升等途径实现的。参见 Bloom, et al. (2002)。

劳动力从低生产率部门向高生产率部门流动的资源重新配置效率，成为全要素生产率的主要来源。

第四，如果以人口抚养比作为人口红利的显性代理变量，可以将其对经济增长贡献看作是纯粹意义上的人口红利。

利用生产函数的方法，一项研究对中国20世纪80年代初以来的经济增长进行分解，观察到改革开放期间各种因素对经济增长的相对贡献。这些因素分别以固定资产形成、全社会就业人数、就业人员受教育年限、人口抚养比和残差作为变量，分别代表资本投入、劳动投入、人力资本、人口红利和全要素生产率对GDP增长率的贡献。结果显示，在1982~2009年间的GDP增长中，资本投入的贡献率为71.0%，劳动投入的贡献率为7.5%，人力资本贡献率为4.5%，人口抚养比贡献率为7.4%，全要素生产率贡献率为9.6%（Cai & Zhao，2012）。

二 积极的劳动力市场政策及其效果

获得人口红利的前提是劳动力充分就业。改革开放时期，中国形成了世界上最大的劳动力流动和就业规模。其中，推动了城乡就业的积极就业政策与旨在促进劳动力市场发育的改革，起着非常重要的作用。

1. 积极就业政策的形成与完善

中国通过长期的努力，付出了惨痛的代价，逐渐形成了积极就业政策的框架。在20世纪90年代末就业制度改革以前，城镇劳动力市场机制主要在新增劳动力的配置方面起作用，国有企业和集体企业容纳了绝大部分城镇就业。当时，经济增长被认为是就业增长的同义词，因此并未单独成为宏观经济政策的关注目标。在当时的货币政策和财政政策表述中，完全没有就业的独立位置[①]。

受20世纪90年代末亚洲金融危机和国内经济增长速度减慢的影响，国有企业陷入空前的经营困难，不得已只能大规模裁员，导致前所未有的下岗和失业。为了应对这种严峻局面，保障基本民生，政府着手实施积极的就业政策，推出了一系列促进就业和再就业的政策手段。与此同时，就业也被作为宏观经济政策目标，其重要性不断得到提升。积极的就业政策着眼于通过培训和服务来调节劳动力供给，通过宏观调控手段促进经济增长扩大就业，调节劳动力市场需求，最大限度地开拓就业领域和渠道。

2002年9月12日，时任中共中央总书记江泽民在全国再就业工作会议上以《就业是民生之本》为题的讲话，论述了充分认识就业再就业工作的极端重要性，并且把就业问题解决得如何，提高到是衡量一个执政党、一个政府的执政水平和治国水平的重要标志、当前党和国家工作中一项重大而紧迫的当务之急的高度。同年，中国共产党十六大报告提出国家实行促进就业的长期战略和政策，并将促进经济增长、增加就业、稳定物价和保持国际收支平衡列为宏观调控的主要目标。中央对于就业的表述，逐渐从

---

① 这方面的综述请参见（蔡昉，2009）。

要求把扩大就业放在经济社会发展更加突出的位置，提高到实施就业优先发展战略。

为了化解2008年全球金融危机对中国经济增长和社会发展的影响，中国政府提出实施更加积极的就业政策，通过"保就业"成功实现了"保增长、保民生、保稳定"的目标。"十二五"规划强调了坚持更加积极的就业政策，是促进充分就业的坚实政策保障，不仅明确了就业在政府政策中的优先位置，还有利于抓住扩大就业的重点领域，瞄准政府实施就业扶助的重点人群。

2. 劳动力市场发育与就业扩大

中国的高速经济增长始终伴随着就业的迅速扩大（Cai，2010）。许多研究者得出就业增长未能与经济增长同步的结论，主要是由于被中国就业统计数据若干不完整和不一致之处所迷惑。首先，农村转移出的劳动力没有包括在城镇就业统计中。2011年，离开本乡镇半年及以上农村劳动力的时点数达到1.586亿人（国家统计局农村社会经济调查司，2012）。其次，20世纪90年代后期以来，以新增劳动者和下岗再就业为主体的城镇非正规就业群体，在分部门和分地区的就业统计中得不到体现，以致任何非加总的分析都遗漏了这部分就业，而其规模在2009年仍高达9000余万人，占全部城镇居民就业的28.9%[①]。此外，在本乡镇非农产业就业的农村劳动力往往被就业研究者所忽视。这个部分就业虽然没有显著

---

① 根据《中国统计年鉴》（2010）数据计算得到。

的增长，但存量仍然不容忽视，其中稳定的非农就业者也接近1亿人。

为了获得一个关于就业和劳动力供求的较为完整图景，我们尝试突破单一统计来源，揭示城镇实际就业数量，以此作为非农产业劳动力需求的代理信息。由于农业中劳动力使用的绝对数量是逐年减少的，而农村非农产业就业数量也相对稳定。所以，我们不考虑农业就业和农村非农就业的情况，仅仅考察包括进城农民工和城镇居民的就业增长情况。

根据对数据的推算，我们知道在2009年城镇3.1亿就业人员统计中，有大约12.52%是农民工，约为3896万人，远低于实际农民工数量。如果假定2000年城镇劳动力调查中尚不包括农民工，此后各年，城镇劳动力调查中所包含的农民工比例以相同的幅度增长，即在2009年增长至12.52%，并于此后以相同的速度增加。据此我们可以计算出各年城镇就业统计中农民工的比例，并继而得出各年城镇就业不含农民工的数量。

另外我们还知道，2009年底全国离开本乡镇6个月及以上的农村劳动力为1.45亿人，其中95.6%进入城镇。假设2000~2011年间，外出农民工在城镇和乡村的分布与2009年相同。据此，我们可以根据国家统计局每年的农民工监测报告，得出农民工进入城镇就业的总规模。现在，我们就可以观察这两个就业规模的每年存量，并将其与全国劳动年龄人口存量进行比较（表1）。

表1 劳动力供给和需求存量变化

单位：万人，%

年份\指标	城镇居民就业(1)	进城农民工(2)	劳动年龄人口(3)	需求-供给比率 (1)+(2)/(3)	需求-供给弹性 Δ[(1)+(2)]/Δ(3)
2001	23607	8029	88536	35.7	—
2002	24091	10009	90070	37.9	4.5
2003	24569	10889	91399	38.8	2.7
2004	25003	11303	92893	39.1	1.5
2005	25430	12025	94352	39.7	2.0
2006	25947	12631	95234	40.5	3.2
2007	26492	13094	96009	41.2	3.2
2008	26848	13423	96757	41.6	2.2
2009	27224	13894	97419	42.2	3.1
2010	27669	14627	98059	43.1	4.4
2011	27955	15165	98622	43.7	3.4

资料来源：根据《中国统计年鉴》（历年）、《中国农村住户调查年鉴》（历年）、《中国人口统计年鉴》（历年）和都阳、胡英（2011）数据推算得到。

从中可以看到，在考察的2001~2011年间，城镇就业总量增加速度明显快于全国劳动年龄人口，表明中国经济增长并非无就业增长。相反，与城市化相伴的城镇就业扩大是不容忽视的。而作为积极就业政策成效的表现，农业剩余劳动力、城镇失业和冗员都大幅度减少了。

3. 劳动力流动：减贫增收效果

农民工获得高于务农所得的工资性就业岗位，整体上降低了农村的贫困水平，即使没有缩小城乡收入差距，也具有抑制城乡收入差距更为扩大的效应。以土地均等分配为制度基础的家庭承包制,保证了劳动力流动是追求更高收入和更好生活的自愿选择,因此,即使工资率不变,劳动力流动规模的扩大也足以显著增加农民家庭的收入。观察劳动力流动对农村家庭的增收效果,可以从三个方面看。

第一是劳动力流动的减贫效果。除去那些家庭劳动力不足或有就业能力缺陷的家庭,许多贫困家庭之所以贫困,是由于就业不充分。而且,以往的研究表明,农村非农就业机会往往为那些有明显技能或者家庭背景有影响力的人群率先获得,而大多数贫困家庭与此无缘。因此,能够外出打工就意味着有机会获得更高的收入。研究表明,贫困农户通过劳动力外出途径,可以提高家庭人均纯收入8.5%到13.1%(Du,Park and Wang,2005)。毋庸置疑的是,劳动力和人力资本不足的贫困家庭,也往往遇到无力克服迁移障碍的困境,不能充分从劳动力流动中获益。

第二是工资性收入对农户增收的贡献。按照国家统计局的统计口径,农民家庭纯收入来源被划分为工资性收入、家庭经营纯收入、财产性收入和转移性收入四个部分。外出就业机会的增加显著地提高了农户工资性收入,提高这个收入成分占农户收入的比重,成为增加农民收入的主要源泉。根据官方统计,农户工资性收入占比从1990年的20.2%,提高到2010年的41.1%,而在2010年的农民纯收入增量中,工资性收入的贡献率为48.3%[1]。

第三是被统计体系中的住户调查所遗漏的打工收入。由

---

[1] 根据《中国农村住户调查年鉴》数据计算得到。

于官方统计系统内的住户调查是分城乡独立进行的，因此，举家迁出的农村家庭和外出打工农村家庭成员，既因难以进入抽样范围而被显著排除在城市样本外，又因长期外出不再作为农村常住人口，而被大幅度排除在农村样本住户的调查覆盖之外。虽然根据《中国统计年鉴》的有关解释，在外居住时间虽然在 6 个月以上，但收入主要带回家中，经济与本户连为一体的外出从业人员，仍视为家庭常住人口。但是，常年在外（不包括探亲、看病等）且已有稳定的职业与居住场所的外出从业人员，不算家庭常住人口，这部分外出从业人员的收入，不能反映在农户收入中。

因而，农民工务工收入在相当大程度上被低估了。许多研究者注意到收入分配状况改善的趋势，并且尝试从不完善的统计体系中挖掘出相关的证据。高文书等从现行城乡住户收入统计的缺陷出发，选择一个发达地区省份浙江和一个西部地区省份陕西，通过对包括统计局记账户和抽取的其他住户进行调查，重估了被城市和农村遗漏的农民工收入。结论是，仅因官方统计系统的住户调查抽样和定义中存在的问题，就导致城镇居民可支配收入平均被高估 13.6%，农村居民纯收入平均被低估 13.3%，城乡收入差距平均被高估了 31.2%（高文书等，2011）。

4. 劳动力市场制度建设与劳动者权益

在解决 20 世纪 90 年代末大规模企业职工下岗、失业现象期间，形成了包括更加广泛覆盖的社会保障体系、以扩大就业为优先原则的宏观经济调控、积极扶助再就业、创造公益性就业岗位等举措在内的积极就业政策，并且，在应对2008年和2009年世界性金融危机对就业的冲击时，这一政策被进一步强化，相应出台一系列更有针对性的措施，被表述为"更加积极的就业政策"。

随着农业剩余劳动力的减少，劳动力短缺现象普遍出现在各个产业和部门，并且持续存在，加之强农、惠农的各项"三农"政策的实施提高了务农比较收益，都十分有利于普通劳动者特别是农民工在雇佣关系中谈判地位的提高，导致各行业工资全面上涨、熟练劳动力与非熟练劳动力工资的趋同，以及各种工作条件的改善都快于以往。

2004年以后，中央和地方政府通过立法、执法、调整政策等方式，在改善农民工进城打工、居住和享受均等公共服务等政策环境上做出了积极且更有实效的努力。虽然制度变革和政策调整远未完成，但是，对于了解改革开放期间农村劳动力向城市流动发展历史的观察者来说，无疑会十分赞成，2004年作为一个转折点，劳动力流动的政策环境步入其黄金时期（Cai, 2010）。

与此同时，加快出台劳动合同法等一系列劳动法规，加大了劳动关系相关的执法力度，推动劳动力市场制度建设。在中央政府的要求下，地方政府竞相提高最低工资标准，普通劳动者工资正常提高机制逐步形成。

三　发展阶段变化对政策的新要求

20世纪80年代初以来，中国经历的高速增长具有典型的二元经济发展特征，其间与人口转变相伴随的是农业剩余劳动力大规模转移和城镇就业扩大。随着中国人口转变和经济发展到达新的阶段,这种经济发展模式必然经过一系列转折而寿终正寝。

1. 两个"转折点"的到来

自2004年沿海地区出现"民工荒"以来,劳动力短缺已经成为全国性现象,2011年制造业招工难前所未有地成为企业普遍遭遇的困难。在劳动力供给增速减慢的同时,经济增长仍然保持着对劳动力的强劲需求,城镇就业继续迅速增长。劳动力供求关系的变化,改变了中国资源禀赋长期存在的劳动力无限供给的特征,农业中的劳动边际生产力不再像理论假设的那么低下,工资不再由生存水平决定,而是更加敏感地受到供求关系的影响。

农民工工资水平在多年徘徊不变之后,从2004年开始明显加速上涨,在2004～2011年间保持实际年增长率12.7%[1]。就使用较多非熟练工人的制造业和建筑业来看,这两个行业的工资在2003～2008年间的年度实际增长率分别为10.5%和9.8%[2]。从农业中雇工的工资变化看,在2003～2009年间,粮食生产中雇工工资平均每年增长15.3%,棉花生产工资年增长11.7%,在规模养猪中就业的雇工工资年增长19.4%[3]。

按照发展经济学的定义,这种劳动力短缺的出现和普通劳动者工资持续上涨的现象,就意味着中国已经迎来其

---

[1] 根据《中国农村住户调查年鉴》数据计算得到。
[2] 根据《中国劳动统计年鉴》数据计算得到。
[3] 根据《全国农产品成本收益资料汇编》数据计算得到。

刘易斯转折点。虽然关于这个判断以及刘易斯模型在中国的适用性，存在着不同观点，但是，上述变化对中国经济增长的巨大挑战值得给予高度重视。

作为生育水平长期下降的结果，中国人口年龄结构发生了相应的变化，迄今为止，15~64岁劳动年龄人口保持增长，但是增长速度逐年递减，并预计在2013年前后停止增长。与此同时，人口抚养比（即依赖型人口与劳动年龄人口的比率）降低到最低点，随后迅速提高（图2）。正如研究者通常以抚养比作为人口红利的显性代理指标一样，抚养比变化趋势的逆转，就是人口红利消失的转折点。

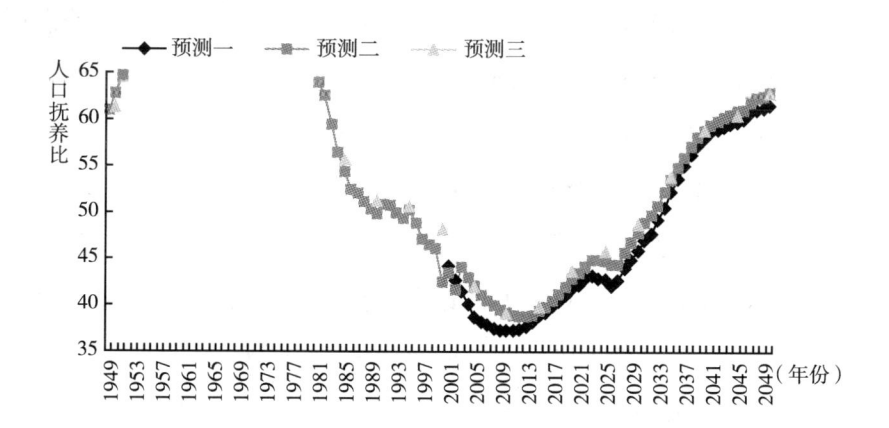

图2 抚养比停止下降意味着人口红利消失

资料来源：预测一、二、三分别由胡英、王广州和联合国所做。

可见，我们可以把2004年作为中国到达刘易斯转折点的标志性年份，而2013年则是人口红利消失的标志性年份。很显然，这两个转折点之间的时间跨度长短，与人口转变特点有直接的关系。中国人口转变的早熟性质（或称为"未富先老"），使其处在这个区间的时间格外短暂。

根据研究，日本经过刘易斯转折点的时间大约是在1960年（Minami，1968）。如果以人口抚养比开始提高的年份作为人口红利消失的转折点，则是在1990年达到的，两个具有转折意义的时间点之间相隔30年左右。韩国在1972年经过刘易斯转折点（Bai，1982），而人口红利消失的转折点则要在2013年前后，与中国同时到达，其间相隔40余年。

以2004年作为中国的刘易斯转折点，2013年作为人口红利消失点，其间相隔充其量只有9年。中国的这个特点，不仅可以解释为什么劳动力短缺一经出现，就表现得如此强烈，也警示着中国转变增长模式和调整相关政策的挑战来得格外紧迫。

2. 劳动力市场新趋势与新任务

刘易斯转折点的到来，意味着劳动力市场的二元结构性质逐渐消失，成熟劳动力市场的一系列特征逐渐显现。在成熟的市场经济国家，就业压力主要表现为三种类型的失业，即宏观经济波动导致的周期性失业、劳动者技能与用人单位需求不匹配造成的结构性失业，以及劳动者寻职时间过长导致的摩擦性失业。其中结构性失业和摩擦性失业是失业的常态，既相对稳定也十分顽固，所以也被统称为自然失业。中国未来将越来越多地面对上述三种类型的失业。

在市场配置资源和引导经济活动的条件下，宏观经济的周期性波动不可避免，与此相对应的周期性失业现象也同样不可避免。在中国当前的发展阶段，进城务工的农村转移劳动力，由于没有获得城市户口，就业不稳定，往往要承受更大的周期性失业冲击。例如，2008年国际金融危机对中国实体经济和就业的冲击，导致上千万农民工在2009年春节提前返乡，就是这种周期性失业的表现。

随着产业结构调整的加速，在新的就业机会不断被创造出来的同时，一部分传统岗位也不可避免地消失。如果需要转岗的劳动者技能不能适应新岗位的要求，则会面临结构性失业风险。由于中国劳动力市场发育尚处于较低水平，人力资源配置机制尚不健全，在产业结构变化过程中，劳动者还不能做到无摩擦转岗。因此，摩擦性失业现象也会经常存在。包括各类毕业生在内的新成长劳动者群体，虽然受教育程度较高，但其人力资本与劳动力市场对技能的需求有一个匹配的过程。至于那些缺乏新技能的城镇就业困难群体，与劳动力市场需求的衔接则会遇到更多摩擦。因此，上述两个劳动者群体最易受到这两类失业的困扰。

3. 人口结构面临的挑战

在计划生育政策和经济发展的双重作用下，中国的人口总量得到有效控制。然而，在总量得到控制的情况下，人口结构性问题却凸显出来。人口结构面临的挑战，主要表现在以下方面。

一是出生人口性别比居高不下。出生人口性别比，是以新出生人口中女婴为100衡量的男女性别平衡状况。自1990年第四次人口普查以来，这一比率就大幅度超出正常水平，2009年仍然高达119.5，即男婴比女婴多19.5%。

劳动力市场上的性别歧视和社会保障制度不健全，是导致人口性别失衡问题的重要原因。

二是人口老龄化进程加快。一方面，人口老龄化是经济社会发展的必然结果，是人口发展不可逆转的趋势，老年人口比重占总人口比重较大的"老龄化社会"，将是我们必须适应的社会常态。另一方面，中国的"未富先老"的确给中国社会养老能力、养老保障体系以及经济社会发展带来严峻的挑战，需要积极应对。因此，应加快完善覆盖城乡全体居民的基本养老保险制度，提高全社会的养老、敬老共识和养老能力，实施"积极、健康、保障、和谐"的人口老龄化应对战略。

三是人口素质不适应经济社会发展要求。中国人口受教育水平仍然较低，2008年15岁以上人口文盲率为7.8%，平均受教育年限只有8.5年。全国出生缺陷监测总发生率不断攀升，每年出生时肉眼可见先天性畸形和出生后逐渐显现的缺陷儿，占出生人口总数的4%~6%，年出生缺陷儿80万人左右。全国各类残疾人8296万人。生殖健康状况也不容乐观。

四 着眼于人口全面发展的政策完善

以独生子女政策为特征的人口政策的形成，在当初是与计划经济的体制，以及二元经济结构的国情密切相关的，有其必然性和时代的烙印。用现在的语言表述，其初始的意图是在短期内最大限度地释放人口红利。中国现在处在经济发展和在人口转变的崭新阶段上，人口变化趋势正在发生着重要变化，新的人口国情正在形成。

思考未来政策走向，以便全面做好人口工作，逐步完善政策，仍然要从符合保持经济增长可持续性，有利于提高人民生活水平的原则出发。人口实现均衡发展并真正成为可持续发展的积极因素，需要从质量、结构和数量诸多方面加以完善，即有赖于人口本身素质的大幅度提高、年龄结构和性别比合理，以及数量上的可持续。以下，我们从教育发展、应对老龄化和生育政策三个重要角度提出若干政策建议。

1. 全面提高人力资本

在第一次人口红利消失之后，不仅推动经济增长的传统要素需要重新组合，而且对于更加长期有效且不会产生报酬递减的经济源泉提出更高的要求。特别是，为了挖掘和创造第二次人口红利、避免陷入中等收入陷阱，要求显著提高国家总体人力资本水平。

首先，义务教育阶段是为终身学习打好基础，形成城乡之间和不同收入家庭之间孩子的同等起跑线的关键，政府充分投入责无旁贷。学前教育具有最高社会收益率，政府买单是符合教育规律和使全社会受益原则的，应该逐步将学前教育纳入义务教育的范围。

近年来，随着就业岗位增加，对低技能劳动力需求比较旺盛，一些家庭特别是贫困农村家庭的孩子在初中阶段辍学现象比较严重。政府应该切实降低义务教育阶段家庭支出比例，巩固和提高义务教育完成率，而通过把学前教育纳入义务教育，让农村和贫困儿童不致输在起跑线上，也大大有助于提高他们在小学和初中阶段的完成率，并增加继续上学的平等机会。

其次，大幅度提高高中入学水平，推进高等教育普及。高中与大学的入学率互相促进、互为因果。高中普及率高，有愿望上大学的人群规模就大；升入大学的机会多，也对上高中构成较大的激励。目前政府预算内经费支出比重，在高中阶段较低，家庭支出负担过重，加上机会成本高和考大学成功率低的因素，使得这个教育阶段成为未来教育发展的瓶颈（蔡昉、王美艳，2012）。因此，从继续快速推进高等教育普及化着眼，政府应该尽快推动高中阶段免费教育。相对而言，高等教育应该进一步发挥社会办学和家庭投入的积极性。

最后，通过劳动力市场引导，大力发展职业教育。中国需要一批具有较高技能的熟练劳动者队伍，而这要靠中等和高等职业教育来培养。欧美国家适龄学生接受职业教育的比例通常在60%以上，德国、瑞士等国家甚至高达70%～80%，都明显高于中国。中国应当从中长期发展对劳动者素质的要求出发，加大职业教育和职业培训力度。此外，应建立起高中阶段职业教育与职业高等教育及普通高等教育之间的升学通道，加快教育体制、教学模式和教学内容的改革，使学生有更多实现全面发展的选择。

2. 积极应对人口老龄化

中国老龄化已经进入到迅速加快的时期，到"十二五"时期末，中国仍将处在中等收入水平的发展阶段，与此同时，60岁及以上老年人口将超过2亿人，约占总人口的15%。中国的可持续发展，需要应对"未富先老"型的人口老龄化这一严峻挑战。

首先，完善社会养老保障体系，广泛覆盖城乡居民和流动人口，提高保障水平和统筹水平，形成养老合力。尽快实现社会养老保险制度对城乡居民的制度全覆盖，大力发展社会养老服务，切实保障和逐步改善老年人特别是孤寡老人、残疾老人的生活水平。人口老龄化的影响涉及千家万户，关系社会和谐和发展可持续性。在政府确保提供相关基本公共服务的前提下，要全面提升社会、家庭、社区和老龄产业的养老合力，大力推进以资金保障和服务保障为支撑，以巩固居家养老、扩大社区支持、提升机构服务能力、促进养老服务产业发展为着力点的养老服务体系建设。

其次，创造条件挖掘人口老龄化提供的新的消费需求，并将其转化为经济发展的拉动力。老年人是一个特殊的消费群体，包括其健身、休闲的精神文化需求，以及居家和社会养老的物质需求。国家应该从财政、税收、金融和工商管理等方面给予扶持和鼓励，使这类伴随着人口老龄化而产生并且容易增长的需求，推动形成一些新型服务业态，并成为经济发展的新动力。

最后，合理开发老年人力资源，创造适合老年人的就业岗位，探索弹性退休制度。目前，中国人口在24~64岁，年龄每增加1岁，受教育年限平均减少10.2%。而越是年龄偏大，教育水平递减的趋势就越明显，在 44～64 岁，年龄每增加 1 岁，受教育年限平均减少 16.1%（王广州、牛建林，2009）。可见，提高退休年龄的条件尚不成熟，急需通过发展教育和培训来创造，以便在未来提高老年人的劳动参与率，缓解社会养老资源不足的问题，延长人口红利期。

3. 逐步完善生育政策

中国的人口政策需要在坚持以人为本理念的前提下，与时俱进地进行调整。虽然人口转变归根结底是经济社会发展所推动的，人口老龄化的趋势终究难以逆转。不过，在坚持计划生育基本国策前提下，进行生育政策调整仍然大有可为。

首先，通过政策调整促进未来人口平衡的空间仍然存在。调查显示，从目前中国家庭的生育意愿看，平均每对夫妻期望的孩子数大约是 1.7 个。而政策生育率，即生育政策允许的孩子数平均为 1.47，与实际总和生育率相当。可见，在政策生育水平和生育意愿之间仍然存在一定差异。

其次，按照政策预期，独生子女政策已经成功地完成了历史使命。1980 年中共中央在正式宣布这个政策时说道："到三十年以后，目前特别紧张的人口增长问题就可以缓和，也就可以采取不同的人口政策了。"如今，当年设定的这个"采取不同的人口政策"的条件，即总和生育率下降到较低的水平，比当初所能预计的要成熟的多，因此，政策调整具有充分的政策依据。

最后，各地政策调整的实践提供了改革的路径图。目前，绝大多数省份已经允许夫妻双方都是独生子女的家庭生育二胎（俗称"双独"政策）。这种政策松动并未产生显著的生育率变化。按照这一路径，一旦政策演进到夫妻有一方是独生子女就可以生育二胎时（即"单独"政策），政策调整的覆盖面就扩大到较大人群，或许会对人口均衡性产生一定的长期效果。

4. 创造性别平等制度条件

劳动力市场上对女性的歧视，以及社会保障制度不健全造成对"养儿防老"的依赖，是造成人口性别失衡的重要原因之一。对此应该综合治理、标本兼治，通过推动性别平等，杜绝劳动就业中的性别歧视，完善社会养老保障体系，消除生育中的性别偏向，有效遏止出生人口性别比上升趋势。

消除劳动力市场上对女性的歧视，要加大就业促进法的执法力度。劳动力市场上对女性的歧视，通常采取工资歧视和就业歧视两种形式。工资歧视是指，雇主支付给女性雇员的工资，低于支付给那些与其从事相同工作、具有相同生产率特征的男性雇员的工资；就业歧视是指，雇主故意将那些与男性雇员具有相同生产率特征的女性雇员，安排到报酬较低的就业岗位上，把报酬较高的工作岗位留给男性。针对此，要加强劳动法规执行的监督和创造平等的机会，消除在同一工作岗位上的男女的工资差异。另外，要积极培育劳动力市场，减少就业岗位进入的制度障碍。

五 实施更加包容的就业政策

随着刘易斯转折点和人口红利转折点的到来,中国就业的总量性矛盾逐步转变为结构性矛盾。这个转变赋予积极就业政策新内涵,提出增强其包容性的新任务。下面我们从就业政策着力点转变、劳动力市场一体化和劳动力市场制度建设等方面提出政策建议。

1. 着力点从总量到结构转变

应对日益突出的周期性、摩擦性和结构性失业现象,首先要树立的原则,是把就业置于宏观经济政策制定的优先地位,以就业状况为依据确立政策方向和力度,降低周期性和自然失业风险。在"十二五"规划中,中央政府对于就业重要性的表述,已经从要求把扩大就业放在经济社会发展更加突出的位置,提升到实施就业优先发展战略的高度。

为了把就业优先原则落在实处,在宏观调控总体要求中,不仅考虑国内生产总值增长目标,更要直接宣示就业增长的目标,以及能够反映周期性失业水平的调查失业率控制目标。围绕就业目标和失业控制目标的实现,一方面,要合理确定经济发展速度,并在确定宏观调控的政策方向、手段和力度时,把就业最大化作为重要考量,以减小经济波动对就业的冲击。另一方面,要以扩大就业为共同基准,加强财政、金融、税收等宏观经济政策的协调配合,更好地满足降低失业率的需要。

在劳动力市场出现总量偏紧的情况下，不能对结构性和摩擦性就业困难掉以轻心。包括各类毕业生在内的新成长劳动者群体，和那些缺乏新技能的城镇就业困难群体，最易受到这两类失业的困扰。这是最适宜发挥政府促进就业职能的领域，也对劳动力市场功能和政府公共服务能力提出更高要求，即要求政府有针对性地提供就业、创业、转岗和在岗培训，规范和完善人力资源市场功能，从提高劳动者能力和市场配置效率两个方面降低自然失业率。

2. 促进城乡一体化就业

一个能够让劳动力自由流动、有效保障劳动者合法就业权利的劳动力市场制度，是从中等收入国家向高收入国家发展转变的制度保障。目前中国劳动力市场上仍然存在着制约劳动力流动的各种制度性障碍，包括城乡分割、地区分割和户籍身份分割，妨碍了就业机会的均等化和人力资源的合理有效配置。要尽快破除这些制度障碍，促进城乡各类劳动者平等就业，进一步完善劳动力市场机制。因此，要继续坚持城乡统筹的原则，进一步完善相关政策，深化制度改革，促进农村劳动力稳定转移就业。

旨在实现制度变革的改革目标的确定和实施政策，都应该把重点放在有利于把农民工纳入社会保障制度，以及获得平等的公共服务的相关领域。目前，中国按照常住人口统计的城市化率已经达到51%，但是，具有非农业户口的人口比重只有34%，意味着农民工尚不能均等享受城市基本公共服务。中央政府已经明确要求推进户籍制度改革，放宽中小城市落户条件，使在城镇稳定就业和居住的农民有序转变为城镇居民。

从激励相容的改革原则出发，城市政府推进城市化的一个可用手段则是，通过劳动力市场制度建设，为农民工就业提供更加稳定的保障与保护。在此基础上，逐步把制度建设推进到更大范围的公共服务领域，实现真正意义上的城市化以及城市化与非农化的同步，从而顺利通过刘易斯转折点，完成二元经济结构的转换。

3. 劳动力市场制度建设和社会保护

刘易斯转折点到来的一个明显标志，就是劳动关系急剧变化。伴随着劳动力供求关系的新形势，工人要求改善工资、待遇和工作条件等维权意识不断增强，遇到企业适应能力差、意愿不足的现实，必然会形成就事论事性质的局部劳资冲突。面对这种"成长的烦恼"，采取回避的态度，或者采取民粹主义政策做出不能长期维持的承诺，都不能解决问题，必须依靠制度建设才能顺利渡过中等收入阶段。

由于对于工资集体协商制度有些担心，使其成为劳动力市场制度建设的薄弱点。其实，从中国现行的制度框架出发，构建工资、劳动条件的集体协商制度，与欧美的情况相比，更为可控，更易取得积极成果。通过工会代表工人利益，企业家联合会代表雇主利益，政府进行引导、协调、协商的机制，可以探索出一种具有中国特色的劳动关系格局。

社会保护具有比劳动力市场制度更为广义的功能，并且可以按照构建和谐社会的理念，把劳动力市场制度、社会保障制度以及其他社会福利制度相结合，形成与中国特色社会主义市场经济相适应的公共服务体系，以制度实现和保证"以人为本"。刘易斯转折点到来之后，随着劳动力短缺逐渐对经济发展构成制约，中国政府应加强对劳动力和居民的社会保护。

参考文献

[1] Bai, Moo-ki (1982), "The Turning Point in the Korean Economy", *Developing Economies*, No. 2, pp. 117 – 140.

[2] Cai, Fang (2010), "The Formation and Evolution of China's Migrant Labor Policy", in Zhang, Xiaobo, Shenggen Fan and Arjan de Haan (eds) *Narratives of Chinese Economic Reforms: How Does China Cross the River?* New Jersey: World Scientific Publishing Co. Pte. Ltd..

[3] Cai, Fang and Wen Zhao (2012), "When Demographic Dividend Disappears: Growth Sustainability of China", in Masahiko Aoki and Jinglian Wu (eds) *The Chinese Economy: A New Transition*, Basingstoke: Palgrave Macmillan, Forthcoming.

[4] David E. Bloom, David Canning and Jaypee Sevilla (2002), "The Demographic Dividend: A New Perspective on the Economic Consequences of Population Change", Santa Monica, CA, RAND.

[5] Du, Yang, Albert Park and Sangui Wang (2005), "Migration and Rural Poverty in China", *Journal of Comparative Economics*, Vol. 33, No. 4, pp. 688 – 709.

[6] Minami, Ryoshin (1968), "The Turning Point in the Japanese Economy", *The Quarterly Journal of Economics*, Vol. 82, No. 3, pp. 380 – 402.

[7] United Nations (2010), *World Fertility Pattern*, 2009, http://www.un.org/esa/population/publications/worldfertility2009/worldfertility2009.htm.

[8] 蔡昉：《论就业在社会经济发展政策中的优先地位》，《蔡昉论文选》，中国出版集团、中华书局，2009。

[9] 蔡昉、王美艳：《中国人力资本现状管窥——人口红利消失后如何开

发增长新源泉》,《学术前沿》2012 年第 6 期。

[10] 都阳、胡英:《分城乡劳动年龄人口预测》, 未发表背景报告, 2011。

[11] 高文书、赵文、程杰:《农村劳动力流动对城乡居民收入差距统计的影响》, 蔡昉主编《中国人口与劳动问题报告 No.12——"十二五"时期挑战: 人口、就业和收入分配》, 社会科学文献出版社, 2011。

[12] 顾宝昌、李建新:《21 世纪中国生育政策论争》, 社会科学文献出版社, 2010。

[13] 国家统计局农村社会经济调查司:《中国农村住户调查年鉴》, 中国统计出版社, 2012。

[14] 胡英、蔡昉、都阳:《"十二五"时期人口变化及未来人口发展趋势预测》, 载蔡昉主编《中国人口与劳动问题报告—后金融危机时期的劳动力市场挑战》, 社会科学文献出版社, 2010。

[15] 王广州、牛建林:《我国教育总量结构现状、问题及发展预测》, 蔡昉主编《中国人口与劳动问题报告——提升人力资本的教育改革》, 社会科学文献出版社, 2009。

[16] 王美艳:《城镇就业、非农就业与城市化》, 载蔡昉主编《中国人口与劳动问题报告 No.12——"十二五"时期的挑战: 人口、就业和收入分配》, 社会科学文献出版社, 2011。

[17] 杨凤城:《谈邓小平与"三步走"发展战略的形成》, 载 2011 年 8 月 3 日《光明日报》。

第六章 支持包容性发展的农村科技创新政策研究

贾敬敦

科技部中国农村技术开发中心主任

引 言

包容性发展是全球实现新发展的战略选择。农业、农村、农民的发展是中国面临的重大问题，也是一个全球性的战略问题。农业、农村的发展直接关系全球食物安全与全球稳定发展，是实现包容性发展的重点和难点。科技创新是加快农业、农村发展，减少贫困，实现城市与乡村、农业与工商、服务业协调发展的关键。制订相应的战略、政策，建立相应的体制机制至关重要。

一 包容性发展面临新机遇

1. 2008 年国际金融危机后，世界经济与社会发展面临加快转型的繁重任务

2008 年始自美国的国际金融危机，对世界经济、社会产生了广泛、深远的影响。其实质是房地产业与金融业的互动过热发展，使投资的收益预期远远大于实际的产业回报，打破了收入与支出平衡的基本经济原理要求，造成产业资金流断裂，对金融业、房地产业的正常发展产生了巨大的破坏。而且，由于现代产业，特别是金融业的跨地区、跨行业、跨国界的广泛渗透性，进而对其他产业产生了巨大的衍生影响，甚至是破坏性的影响。金融危机对实体经济的影响，造成了严重的失业等社会问题。金融危机与国际社会业已存在的贸易与经济发展失衡、资源与能源短缺、食物安全、贫困、人口老龄化与失业，以及主权债务问题交织，进一步放大了金融危机的负面影响。至今，本次金融危机的影响仍未结束，各国都在继续为经济恢复稳定增长及民生改善而努力。

从全球恢复经济稳定增长的举措看，不仅表现为金融业的调整、监管的加强，更鲜明地表现为全球对现存发展方式的反思，以及对经济结构的调整、探索新的发展方式。包括加强科技创新，发展战略性新兴产业，大力发展实体经济，以实现更高水平的持续发展。中国把转变经济发展方式，调整经济结构，作为"十二五"国民经济和社会发展的基本战略。这不仅对应对金融危机有重要意义，对中国解决发展阶段遭遇的问题，以实现长远发展也具有重要意义。可以说金融危机为国际经济的发展转型提供了新的机会和加速动力。与以往不同的是，在全球化深入发展的时代，应对国际金融危机迫切需要国际社会的共同、协调行动。

2. 全球气候变化带来新挑战

应对全球气候变化是各国面临的共同挑战。回顾全球应对气候变化的历史，实际上是科学地协调发展与生态环境的关系、协调不同发展阶段国家责任与义务的历史。应对气候变化的行动并未取得人们预想的成就。1992年，有183个国家的代表团、联合国及其下属机构等70个国际组织的代表参加的里约热内卢联合国环境与发展大会召开。会议通过了《21世纪议程》《气候变化框架公约》《关于森林问题的原则声明》及《里约环境与发展宣言》等重要文件。标志着应对全球气候变化成为全球共识，标志着发达国家与发展中国家决心采取实际行动应对全球气候变化。20年后，联合国再一次召开"里约+20峰会"，绿色经济在可持续发展和消除贫困方面的作用、可持续发展体制框架成为会议的主要议题。这反映了全球在努力实现可持续发展上的急迫性。

有效应对全球气候变化的战略举措是转变传统的经济发展方式。18世纪下半叶爆发的产业革命，建立了以化石能源为基础的科技体系，彻底改变了当时的世界经济、产业发展方式。化石能源和机械装备成为全球经济发展方式的基本支撑。这种生产方式以巨大的生产力，为人类创造了巨大的财富，也根本改变了经济产业与生态环境资源的关系，造成了巨大的生态破坏、环境污染和资源能源消耗。化石能源的巨大消耗造成了巨大的温室气体排放。温室气体排放的增加，是地球温度提高的重要原因。多年来，全球各地气候异常，极端气候灾害频度增加，这是全球气候变化的直接结果。最大限度地减少温室气体排放，努力实现绿色发展，实现经济产业与生态环境的和谐，必须改变200多年来建立的发展方式。

1987年，联合国世界环境与发展委员会在《我们共同的未来》报告中，提出了可持续发展的定义为"既满足当代人的需要，又不对后代人满足其需要的能力构成危害的发展"后，得到了广泛认可。回顾1992年联合国环境与发展大会以来的世界变化，尽管世界各国都在强调可持续发展，但是，我们能清晰地看到，20年来的奋斗结果并非预想的那样：

（1）世界人口增加了27%，达到了目前的70多亿人，其中西亚、非洲、南美增加的人口最多。人与自然的关系更加紧张。

（2）地球温度增加了4°C。而且，历史上地球温度最高的10年出现在1998年以后。

（3）二氧化碳的排放量，1992年是220亿吨，目前达到300亿吨。

（4）森林与热带雨林面积减少了3亿公顷。

（5）世界上人口超过1000万人的特大城市，1992年是10座，目前达到21座。

（6）对环境污染贡献最大的污染物之一——塑料的消费量由1992年的1.49亿吨，达到目前的2.65亿吨。

（7）世界饥饿与贫困形势依然严峻。从1970年有饥饿人口记录以来，全球饥饿人口已突破10亿人，98%都在发展中国家。饥饿人口最多的是亚太地区和非洲。按照联合国

2010年度多维贫困指数，目前全球贫困人口达17亿人。

这些数据说明，全球可持续发展与人口、贫困及资源环境问题，不但没有得到良好解决，而且形势更加严峻。解决这一系列国际重大问题，直接关系全球的稳定和可持续发展。世界各国必须以更加有效的行动转变经济增长方式，在最大限度地减少资源消耗、生态环境的破坏，最大限度地减少污染物排放的同时，寻找到新的发展模式，以实现全球经济社会发展与自然的协调和包容。

3. 社会发展出现新变化

收入的不均衡是一个全球问题。2008年国际金融危机以后，全球的收入不均衡问题进一步加剧。据测算，全球最贫困的40%的人口，其收入只占世界收入总量的5%；而最富裕的20%的人口则占到了总收入的75%。财富分配不均衡导致社会矛盾加剧。特别是就业不充分和高失业率，在一些国家造成了激烈的社会矛盾或社会动荡。欧债危机下的若干欧盟成员国，如希腊、西班牙、法国等国的罢工与社会动荡、社会骚乱，是经济发展不力、失业严重的直接结果。中国城乡居民收入差距巨大是中国收入不均衡最为突出的问题。2011年，中国农民的人均纯收入是6977元，同期，城镇人均可支配收入则为21810元。

人口老龄化带来新难题。发达国家人口老龄化形势日益严峻。日本从20世纪70年代进入老龄化社会，65岁以上的人口比重超过23%。欧洲的情况与日本类似。人口的老龄化对现代社会有深远影响。它直接增加了社会支出，加重国家、家庭和社会经济负担。并减少了经济活动劳动力的供给。在欧盟国家，老龄化与社会高福利并存，这在一定程度上进一步加重了政府的财政负担，对经济恢复增长增加了结构性难题。

现代社会生活成本不断上升。生活水平的不断提高，意味着生活成本的不断上升。传统上的节俭生活日渐成为过去。科学技术的发展和持续进步，产业技术水平不断提高，要求人们掌握更多的知识，社会成员接受教育人数在增加，接受教育的时间和培训的时间在延长。这增加了个人人生的成本，也增加了社会成本。

人口流动是一个突出问题。在世界各国，由于经济发展不均衡，生活水平不一，人口的跨地域流动均是一个社会问题，也是一个经济问题。2011年中国农民工达2.5亿人，外出农民工达1.3亿人，反映了城乡就业、收入、生活水平的不均衡。全球范围内，人口的流动，特别是移民问题也是一个复杂而重要的国际经济社会问题。普遍的倾向是经济欠发达、生活水平较低国家的人口，向经济较发达、生活水平较高的国家流动。

综上所述，面对当前的挑战，面向未来的发展，在全球化深入发展的时代，国与国之间的发展差距依然巨大，不同国家的文化多样性依然存在，不同发展阶段的国家采取的发展本国经济社会的战略和举措自然不同。因此，实现经济新的持续稳定发展，需要建立有效的国与国之间的协调包容体制与机制安排。真正实现经济社会的可持续发展，必须建立有效的人与自然、经济与自然的协调包容的体制与机制安排。这不仅需要发展中国家的努力，更需要发达国家的努力；在探索新的发展方式上，发达国家与发展中国家面临着共同的任务。建设和谐稳定的幸福社会，在全球化和文化多元交融的形势下，必须建立有效的社会不同阶层群体、不同社会成员间的包容体制与机制。

二 农村发展是包容性发展的基本问题

1. 包容性发展的历史渊源与内涵

2007年，亚洲开发银行首次提出"包容性增长"的概念。其基本意义为：有效的包容性增长战略需集中于能创造出生产性就业岗位的高增长、能确保机遇平等的社会包容性以及能减少风险，并能给弱势群体带来缓冲的社会安全网。它寻求的是社会和经济协调发展、可持续发展，而不是追求单纯的经济增长。"包容性"也是联合国千年发展目标中提出的概念之一。2011年4月15日，中国国家主席胡锦涛在博鳌亚洲论坛上发表"包容性发展：共同议程与全新挑战"的主旨演讲，强调：包容性发展就是要使全球化、地区经济一体化带来的利益和好处，惠及所有国家，使经济增长所产生的效益和财富，惠及所有人群，特别是要惠及弱势群体和欠发达国家。谈到增长，一般理解为经济领域的增长；谈到发展，则拓展到了社会领域，包括经济与社会发展，包括人与自然的关系，意义更为广泛。

包容性发展理念的提出是针对当前世界经济社会发展的现实，针对人类发展面临的突出问题。从国际关系看，"冷战"结束后，世界经济取得了长期稳定的发展，特别是全球化取得了深入发展，发达国家得益于全球化，获得了巨大的利益；发展中国家特别是新兴国家得益于全球化，经济实力大幅度提升，国际经济实力对比和权益关系面临深刻调整。经济实力对比的变化，冲击着"二战"结束以来形成的国际经济体制和运行机制。经历了两次代价惨重的世界大战的人类社会，是否能有足够的智慧和能力，在认同差异、理性接受现实变化的基础上，找到和平、协调的方式，共同实现新的发展，是当前世界面临的急迫问题。

从人与自然的关系看，世界人口持续大量增加，当前以化石能源、自然资源为支撑，以及以生态环境污染乃至破坏为代价的经济社会发展方式，难以为继。这是世界共识。温室气体排放的增加，地球温度持续升高和频度加大的极端气候灾害，提升了全球共同采取积极行动的紧迫性。不仅要节能减排，而且要追求和实现绿色发展。实现人与自然的和谐与包容。

从社会发展看，世界不同国家均面临若干突出的社会问题。例如，国际金融危机后，各国普遍存在进一步扩大了的财富不均问题、贫困问题；就业困难与高失业问题；发展中国家比较严峻的"三农"问题、食物安全问题；发达国家普遍存在的人口老龄化问题；若干发达国家的高福利超越经济支撑能力的问题；等等。在美国这一世界最大的经济体中，前1%的富人拥有的资产额超过总资产的40%，后80%的人口只拥有17%的财富，这是20世纪20年代以来最不平等的财富分配。2010年，美国的贫困人口达到4620万人，达52年来最高。全球面临长期发展中不断积累的社会问题与新问题的挑战。中国的情况也类似，一方面全社会的生活水平大幅度提高，社会保障和社会服务大幅度改善；另一方面，社会成员间、社会阶层间、不同产业就业人员间、地区间的收入分配差距大幅度扩大；不同社会成员对资源的占有或应用权益差距大幅度扩大。按照2300元的贫困线，中国依然有1.28亿的贫困人口。农民生活水平低，农村基尼系数接近国际警戒线，农民与市民收入差距的扩大，是中国收入分配不均的典型体现。我们面临社会成员收入差距大，资源占用不均，社会矛盾多的条件下，保持社会稳定以实现新发展的挑战。

当前人类面临的一系列重大问题，是人类追求发展，过上更美好生活的道路上遭遇的问题。世界上，没有解决问题的永恒方案。实际上，这些问题本身往往就是发展造成或积累的问题。发展造成的问题，只能用发展手段解决。这就是包容性发展产生的历史渊源。也就是说，要用包容的理念和方法，实现国与国发展的包容，实现人与自然的包容，实现社会包容，以实现新发展。这也是在当代实现可持续发展的战略途径。

2. "三农"问题是一个世界性问题

农业、农村、农民问题的实质是，农业与非农业、乡村与城市、农民与市民的发展失衡，以及农业、农村、农民相对弱势的问题。

中国正在经历快速的工业化和城市化。农业、农村、农民问题突出。农业是典型的弱质产业，2011年，中国第一产业的增加值为47712亿元，占GDP的10.1%，从事第一产业的就业人员约3亿人，占总就业人员的35%；农业机械化水平达到54.5%。可以看出，中国农业依然是劳动生产率较低，劳动强度大，风险较高的弱质产业。农业就业人口的科技文化素质明显低于非农产业就业人员，就业人员的年龄明显高于非农产业就业人员。2011年，中国的城市化水平达到51.27%，城市化人口达到6.91亿人，进入了以城市型社会为主体的时代。但农村人口依然有6.57亿人，分布于约4.1万个乡镇、62万个行政村中；尽管农村人口已少于城市人口，但是就业机会较少的农村，就业人口占总就业人口的53%，多于就业机会较多的城市就业人口。城乡二元结构问题依然突出。与城市社区相比，乡村社区的现代化程度明显较低。生活质量、生活环境、发展机会、公共服务远远落后于城市。由于农村体制改革落后于城市，农村的土地资源、水资源，房产与基础设施的市场化改革进程较慢，农村对现代经济与社会发展要素的吸引力明显不足。与城市快速发展相对应，农村发展的形势十分严峻。农民是中国国民中相对弱势的群体，不仅收入水平远远低于城镇居民，其可获得的公共服务和发展机会也远远不如城市。2011年，农民人均纯收入为6977元，与城镇人均可支配收入的比值为1∶3.23。实现城乡居民收入相对均衡和稳定增长的任务十分艰巨。

在发展中国家，一般都有比较突出的农业、农村、农民问题，这是经济社会工业化、城市化发展过程中的普遍现象。在发达国家，农业、农村、农民问题也是一个重要的经济、社会与政治问题。发达国家普遍存在的农业补贴，反映了农业市场竞争力不足的难题。尽管发达国家农业普遍实现了现代化，但是，农业的自然高度敏感的季节性生产经营模式并没有彻底改变。在科技进步迅速，产业特别是高新技术产业快速发展，财富创造效率不断提高，城市生活与发展机会丰富多样的当代，乡村社区的建设与发展遭遇新的挑战。

3. "三农"问题是中国实现包容性发展的战略问题

包容性发展的本质要求是：在发展过程中，实现经济与社会、人与自然、社会不同阶层、国与国之间的协调和公平，发展成果要惠及不同各方，尤其是社会弱势群体。体现着公平、正义，机会均等的理念。选择包容性发展战略，符合现阶段中国发展的国情，不仅对于解决当前面临的一系列重大问题有重要意义，也是创新发展理念，致力于实现可持续发展的战略举措。

经历了改革开放30多年快速发展的中国，进入了全面建成小康社会的关键时期。按照国家货币基金组织的数据，2011年，中国人均GDP达到5414美元，在世界排名第90位，进入了中等偏上收入国家行列。由中等收入国家转变为高收入国家是一个艰难的过程，需要迈过"中等收入陷阱"。按照国际发展的一般经验，人均GDP低于1000美元的起飞阶段要经历一个发展的"陷阱"；人均GDP为1000~3000美元，是发展的起飞阶段；人均GDP为3000~10000美元，经过长期发展形成的各种经济社会矛盾增多、矛盾趋于尖锐，要实现新的发展，不仅要解决现存的各种矛盾，还要完成艰巨的结构调整和发展方式转变任务。中国已经进入了从中等偏上收入国家向高收入国家迈进的时期，与30年前的发展状况相比，中国面临的国内形势、发展任务、发展目标、发展制约，以及外部发展环境，都有了巨大变化。在全球化时代，实现新发展需要良好的、和平的国际环境，促进国与国之间的包容性发展。在国内，需要正视社会不同阶层间、不同社会成员间、不同产业间、不同地区间，存在明显的财富分配差距以及发展不平衡的现实，通过体制与机制创新，实现社会公平、正义、机会均等的包容性发展。在发展中，需要着力节能减排，需要在继续引进国外先进技术的同时，加强自主创新，加快转变经济发展方式，努力实现绿色发展，实现经济与社会、人与自然的包容性发展。

实现包容性发展，在国民经济和社会发展中，最大的挑战是农业、农村与农民的发展问题。薄弱的农业、规模大而发展滞后的农村、人数多而弱势的农民是实现包容性发展的难点和重点。农业与非农业、农村与城市、农民与市民关系的失衡是中国最大的失衡，这三者间的关系依然是国民经济和社会发展最重要的关系。全面建成小康社会，最繁重的任务是在农村建成全面小康社会。

三　加强科技创新，加快农村发展，促进包容性发展

包容性发展的难点是农业、农村、农民的发展。在非农业领域、城市、市民发展条件依然优越，发展起点依然

较高，发展速度依然较快的状态下，实现包容性发展，关键在于通过体制和机制的突破性创新，实现农业、农村、农民的较快发展，在逐步缩小差距中，实现农业与非农业、农村与城市、农民与市民的包容性发展。

1. 创新主导的农村发展，是加快农村发展，促进包容性发展的战略路径选择

农村发展的首要任务是发展农业。实现农业与非农业的包容性发展，最根本的不是要限制非农业的发展，而是加快农业的发展。传统农业难以创造出与非农业比肩的劳动生产率，其季节性生产模式和自然风险的敏感性，以及规模扩张、盈利能力较低的天然特征，决定了农业发展在吸引对产业发展极为重要的人才、技术、投资等要素方面处于不利的地位。加快农业发展，根本出路是对农业结构和发展方式进行战略调整，加快科学技术、人才、投资向农业的倾斜聚集，构建现代农业产业体系，发展现代农业产业链，使农业成为有利可图、有市场竞争力，对现代产业要素有吸引力的现代产业，逐步缩小农业与非农业的差距。实现这样的目标，农业发展非走创新之路不可。现代农业最为发达的美国、以色列、加拿大、澳大利亚、荷兰等国家的实践证明，现代要素的注入，完全可以使传统农业转变为国际化的有竞争力的现代产业。中国农业是典型的自然资源不足、技术水平与市场化程度较低的产业，人口众多的中国必须依靠自己的力量解决食物安全问题。因此，发展中国农业只能依靠科技创新，克服自然资源不足的制约，在政府的引导下，用科技创新引领非自然资源要素向农业产业链聚集，使农业获得与非农业一样的竞争与发展机会，实现农业劳动生产率的大幅度提升。

农村的发展是全面的发展，不仅要发展现代产业，而且要发展现代乡村社区，建设和谐乡村社会。目前中国的城市化水平为51.3%，与世界平均水平相当。发达国家的城市化水平一般为70%以上。按照中国的国情，即使城市化水平达到70%，中国依然将有4亿多的农民。当今，中国的近7亿农民居住于约62万个行政村之中，建成全面小康社会，实现现代化，当然包括人口众多、分布广泛的广大农村。现实的出路在于建设现代乡村社区，让乡村社区也能够为居民提供现代生活。在城市与乡村发展水平差距巨大，资源与要素自然向城市流动的条件下，加快发展农村，必须探寻新的发展道路。创新驱动是必然选择。与城市发展相比，长期以来，中国农村往往被人们理解为是一个居住地的概念，相关政策也远远没有达到社区发展与管理的层次。中国城市的改革发展程度以及相应的法律、法规、政策完善程度远远超越农村，发展经济的政策，农村也远远落后于城市。例如，在中国广大农村，自然资源如土地、房产、公共设施建设与运营的市场化程度极低，产权化发育严重滞后。城市与农村依然是截然不同的两个世界，是典型的城乡二元结构。加快中国乡村的发展，首先应当给予农村相同于城市的发展机会，用城乡一体化的科学理念、科学方法，推进改革开放，突破法律与政策障碍，引导现代经济与社会发展要素向农村流动，加快缩小城乡差距，实现包容性发展。

农民问题本质上是与市民发展的差距问题。人的发展是一切发展的归宿。在中国，人的发展包括市民的发展，也包括农民的发展。在中国进入建成全面小康社会的关键时期，在由中等偏上收入国家向高收入国家过渡的时期，在工业化、城市化快速发展的时期，解决农民的发展问题已经成为不容回避的重大问题。农民的发展，就是要解决农民的就业、医疗、公共服务、教育、培训等涉及人的发展机会的提供和支持问题。按照城乡一体化的要求，首先应当使农民获得与市民一样的发展机会。涉及农民管理、服务的相关体制，也应当在改革中，打破城乡二元结构，实现城乡一体化。中国的农民工问题，实际是城乡二元结构的结果，既有城市管理的原因，更有乡村管理的原因。实现包容性发展，加快农村发展，市民与农民的巨大差别问题，必须给予优先的考虑和解决。

2. 农村科技创新的重点任务

选择把科技创新作为加快农业、农村、农民发展，实现包容性发展的战略路径，必须针对国情和现阶段发展面临的重大挑战，明确科技创新的重点任务。

（1）加强农业农村的科技研究

一是加强关于发展现代农业、农村经济、农村社会、乡村社区建设与发展方面的基础研究。中国农业、农村、农民问题的特殊性，决定了若干基础问题、理论问题，需要我们自己深入研究。值得重视的是，我们对农业的生产问题研究得比较多，但是对农业产业链问题，特别是关于农产品的创新、物流、市场经营等问题研究得比较少，必须调理长期以来以产中领域为研究重点的格局。

农村发展的物质基础是农村经济，农村经济的支撑是农村产业，当务之急是走出传统农业经济的认识局限，从城乡经济一体化的高度，全面研究农村经济的发展问题，尤其是彻底打破城市与乡村治理的二元结构壁垒，创造经济要素机会均等的流动环境，并在政府引导下，用创新的力量，适当推进要素向农村的加速流动，加快发展农村经济，有重点地建设一批现代乡村社区。

乡村社会是中国传统文化的重要载体，建设现代化的国家，需要有现代化的社会管理，乡村社会是难点。开展乡村社会的研究，对建设现代乡村社区有重要的理论意义和科学意义。

二是开展技术创新研究。用技术创新引领和支撑乡村产业与经济发展、社区建设与社会管理。科学服务于经济社会的接口是产品及其配套技术，科技创新服务于包容性发展，最重要的是要在产品的创制及其配套生产或经营技术上取得突破。只有实现产品与配套技术的突破，才能使技术有可能与企业对接，化为技术进步的实际力量。

（2）加强农业农村科技成果的转化与产业化

一是要高度重视农业农村科技成果转化。农业与农村区域性特点强，与一般的工业科技成果相比，农业农村科技成果的中试、区试、熟化更为重要。农业农村科技成果的转化，既是科技创新不可或缺的环节，又是一个薄弱环节。加强农业农村科技创新，必须加强科技成果的转化。

二是在加强涉农知识产权保护的基础上，推进科技成果的产业化。农业知识产权的保护与管理是当前科技创新的一个薄弱环节。由于农业的弱质性和食物安全的重要性,长期以来,农业都是政府工作的重点,采取了一系列保护支持措施。农业的公益性广为社会认同,这在一定程度上弱化了农业的市场性。发展现代农业,从根本上讲,必须发挥市场的作用,发挥企业的作用。离开了市场,就没有现代农业产业。发挥科技创新的作用,发展现代农业,建设乡村社区,前提是要承认和保护知识产权。受到保护的产权化的科技成果,才能与投资、市场对接,实现产业化的良性发展。有效保护知识产权,才能调动企业开展技术创新的积极性。

(3) 加强农业农村技术推广和科技知识普及

中国农业组织化程度较低,土地的小规模和市场化发育水平低,使2亿多农户一直处于无经济法人地位的生产者身份。农民的生产活动是农业的重要基础,做好针对广大农民的科技服务,做好针对农业的公益性科技服务,加强公益性农业农村科技推广是必要的。中国已经建立起覆盖全国乡村的农业技术推广体系,承担着公益性技术推广的主要职责。其挑战是建立健全适应现代农业发展和乡村社区需要的有活力的运行机制。

农村科技知识普及是一项需要永远坚持的公益性事业,是提高农村社会科技文化水平的重要举措。与城市相比,农村的知识获取渠道较少,知识量有限。农村科技知识普及工作也较为薄弱。农民与市民知识获取机会的均等化,对实现包容性发展发挥着基础性作用。因此,应当采取有力的举措，加大农村科技知识普及力度，改变农村科技知识普及薄弱的局面。

(4) 加强农业农村创新能力建设

农业农村创新能力建设是国家创新能力建设的重要组成部分，是实施依靠科技创新，加快农业农村发展战略的基础。

一是要继续加强以大学、科研院所为重点的农业农村基础研究能力建设，坚持开展农业农村基础问题研究。

二是要把培育和提高企业技术创新能力作为农业农村创新能力建设的重点。企业已经成为农产品市场和乡村建设的主体，也是发展农村产业的主体力量。但是普遍存在的现象是，涉农企业技术创新能力弱，普遍缺少研发机构。实施科技创新战略，企业技术创新能力建设是关键。要推动规模较大，条件具备的企业建立健全自己的研发机构，配置结构合理的研发队伍，增加研发投入。对规模较小的企业，应当推进产学研结合，加强大学与科研机构的技术服务，推动企业走创新驱动发展之路。

人才是加强农业农村创新能力建设的最重要的任务。加强人才队伍建设，既要培养造就大量的专业技术人才，也要加快培养农业企业家，农村建设与管理专家。在一定程度上，企业家、管理专家更为重要，他们是把科技、土地、劳动力、投资等要素聚合起来建立企业、发展现代产业、管理和服务现代乡村社区的战略人才。

(5) 农业、农村创业是一项战略任务

农业产业化水平低，乡村产业不发达，就业机会少，就业任务重，是农村经济社会发展的最重要的障碍。破解这一难题的方法是推进农业农村科技创业。在发达国家，创业兴业，无一例外都是政府与社会关心的大事。改革开放以来，特别是中国启动市场经济建设以来，创业工作也逐步得到了重视。从布局看，创业工作主要集中在城市。中国目前的农民工约有 2.5 亿人，农村还有大量的未充分就业人员。庞大的农村就业人口，单纯采取进城就业的策略不可取，妥善的解决办法是城乡统筹并举。一方面通过创造条件，扩大就业，吸引农村人口进入城市，变为市民。另一方面，必须启动并加强农村创业工作，在广大农村创业兴业，开辟农民就地就业的新渠道、新空间。

启动并加强农村创业工作对中国农业农村发展具有战略意义。一方面，农村创业工作的启动，将有力推进农业农村发展理念的调整，抓农村创业工作，实际上就是要针对中国产业发展要素优先向城市流动，而发展滞后、迫切需要要素投入的广大农村，依然扮演着"农村支持城市"的角色的突出问题，通过支持创业，把人才、科学技术与投资聚集到农村。改变历史遗留的"城乡二元结构"给农村经济发展造成的障碍。另一方面，可以充分发挥市场机制的作用，推进农业农村经济发展。可以在发挥政府扶持农业农村发展的同时，按照城乡一体化的制度、政策安排，充分发挥市场机制的调节作用，实现产业要素向农村流动，为农村产业、经济发展提供良好的、健康的发展环境，改变市场机制在农村发展中的薄弱问题。

介绍一个典型案例。科技部从 2002 年启动了农村科技特派员试点工作，它是把创业人才，与投资、农村自然资源、市场、信息等产业发展要素，按市场机制结合起来，在乡村与农民合作兴办利益共同体，发展农村产业的一项事业。创业人才包括各种各样的创业人才，可以是擅长农产品流通的人才，也可以是擅长农产品加工的人才；可以是科技人才，也可以是经营管理人才。最重要的是具有创业能力。利益共同体，可以是企业，也可以是合作社、协会，其本质就是利益共享、风险共担的法人经济实体。到2011年，全国科技特派员已发展到17万人，通过特派员的创业活动，创办了8300多家企业，吸引的银行贷款超过40亿元，带动了约5000万农户参加创业。为发展农村产业做出了显著贡献。

3. 政策建议

世界经济社会发展已经达到这样的阶段，面临在2008年国际金融危机后恢复经济增长的艰巨任务，面临着应对全球气候变化，减少贫困，发展绿色经济的严峻挑战。在这个人口庞大的星球上，采取包容性发展战略，是求同存异、共同发展、和平发展、和谐发展的战略选择。农业、农村、农民问题是中国发展的重大问题，是建成全面小康社会必须解决好的基本问题。类似的问题广泛存在于发展中国家，在发达国家，"三农"问题也依然存在。贫困问题与"三农"问题密切相关。就中国而言，实现包容性发展，关键是要实现农业与非农业、农村与城市、农民与市民的包容性发展。其重要举措就是通过科技创新，加快农业、农村、农民的发展。实施包容性发展战略，需要在体制机制上做出调整和安排，这样，才能使包容性发展由理念变为实际行动。

(1) 制订包容性发展的农村科技创新战略

农业、农村、农民问题是事关国民经济与社会发展的全局性问题，科技创新是转变发展方式，加快发展并引领结构调整的战略措施。对这样的战略行动，在国家层面，制订包容性发展的农村科技创新战略是必要的。这样的发展战略涉及农业发展、乡村社区建设和管理、涉及农民发展，也涉及农村的收入分配、减少贫困、公共服务、生态环境建设，更涉及城乡一体化的体制机制改革和创新等深层次问题。通过战略制订，在政府、社会各界达成共识，明确发展目标和重要任务，凝练重大措施，形成战略部署，让创新成为加快农业、农村、农民发展的主导要素，实现农业与非农业、农村与城市、农民与市民的包容性发展。

(2) 创新农业农村农民发展体制

体制问题是实施包容性发展的基础保障。一是要有保障城乡一体化发展的体制，从体制上做到破除"城乡二元结构"。把全国的社区分成城市、乡村两大部分，按照统一的制度进行管理，实现城乡统一治理。二是要有农民市民发展机会均等的体制，在就业、公共服务、教育、医疗等领域实现城乡统筹，机会均等。农民与市民的资产占有不均等问题是农民与市民发展机会差异的重要方面，在广大农村，现行的土地利用政策，使农民处于极为不利的地位，应尽早改革。三是在产业发展环境上实现一体化。改革的关键是在农村确立市场机制在配置产业发展要素的基础作用地位，突破农村财产特别是土地资本化的瓶颈，实现城乡产业发展要素的自由流动。这也是从根本上将投资、科技等现代产业发展要素导入农村，加快农业农村发展的关键。

(3) 制订支持农村创新创业的政策

一是要完善支持农村创新的政策，包括增加农业科技研发与转化推广投入的政策，以及提高农业科技创新能力的政策。在政策的设计上，要突出解决企业技术创新能力薄弱的问题。依靠科技创新，发展产业，其基础是产业中的企业要依靠科技创新，实现企业的发展。所以，要有鼓励、支持企业技术创新的政策。二是制订扶持农村创业的政策。在农村发展环境与城市发展环境存在巨大差异，农村发展条件较差的情况下，需要政府通过财税政策、针对性的农村创业金融政策、引导社会资本投入的政策，以降低农村创业成本和风险，鼓励、扶持和服务农村创业。需要深化改革，突破阻碍产业要素流动的体制和机制制约，以发挥市场机制的作用，创造良好的农村创业环境。

(4) 加强人才培养

按照实施包容性发展战略的要求，需要对农村发展人才培养工作进行必要的调整。从目前中国教育发展的情况看，各类农林口的大学和职业教育院校，承担着培养农林方面人才的重要责任。由于历史原因，这些院校的学科设计往往擅长产中领域的专业人才培养，对发展现代农业极为重要的收获后环节，特别是市场经营环节，往往比较薄弱。对乡村社区的建设与治理的人才培养也比较薄弱。发展现代农业、建设现代乡村社区、培育新型农民，需要一大批懂产业经营、懂企业经营的复合型人才，需要一大批懂现代农业，特别是农业产业链的专业人才，需要一大批乡土人才。要通过深化大学与职业培训机构的改革，在继续做好专业人才培养的同时，推动理工学科与社会学科的交叉，大力加强符合现代农业与乡村社区发展需要的复合型人才培养。

（5）完善有利于农村产业发展的金融政策

发展现代产业，离不开金融的参与，也不能仅靠小额贷款解决农村产业发展的问题。与城市区域的产业相比，农村产业在吸引金融投资上有明显的劣势，其原因是多方面的：一是农村产业总体上不发达、素质较差。长期以来，农业是农村最重要的产业，其他产业的发展很不充分。就是农业，往往也以农业种植、畜牧养殖等产中环节为重点，产后的仓储、物流、批发、终端营销等环节，农村产业较少涉及。现有的农村企业，普遍规模较小、技术水平低、人才不足。二是农村产业发展环境差，特别是在土地利用、资产管理上市场化程度低，法律意义上的资产产权化发展滞后。在城市，可以发展房地产业，在农村则十分困难。三是缺少针对农村产业发展的专业化金融工具。例如，发展农村创业，必须有与农村创业相应的风险投资、保险、投资退出安排等专门金融工具。做大做强农村产业，需要有符合农村产业特点的银行信贷、社会投资以及与资本市场对接的安排等。

解决农村发展资金不足的问题，必须在产业政策和金融政策上系统安排，通过鼓励农村产业发展、支持农村创业，大力提高农村产业组织化程度，为金融投资提供丰富的受贷主体。同时研究形成符合农村产业、农村创业发展要求的专门化金融工具。

今后一个时期，是中国全面建成小康社会的关键时期，也是由中等偏上收入水平向高收入水平过渡的关键时期。30多年的持续快速发展，中国经济社会发生了巨大变化，扶贫攻坚取得了巨大成就，中国发展的外部环境也发生了巨大变化，传统的发展模式面临严峻挑战，探索绿色发展、可持续发展的有效模式，既是中国面临的重大任务，也是全球面临的共同责任。包容性发展强调的是让全球化和经济发展的成果，惠及所有国家和地区、惠及所有人群，以实现绿色发展、可持续发展。可以预期，包容性发展将得到更多的关注、研究和实践，并在推进农业、农村、农民发展中发挥巨大作用。

第七章 支持包容性发展的生态环境政策

朱立志 谷振宾 黄丹丹
中国农业科学院农业经济与发展研究所

引 言

贫困是世界各国社会经济发展过程中长期面临的最大挑战。消除贫困、促进发展、实现共同富裕,自古就是人类不懈追求的理想,也是当前各国亟待解决的重大难题。

中国是世界上人口最多的发展中国家,长期以来为解决贫困问题付出了艰辛的努力,已取得巨大的成就,提前实现了联合国千年发展目标中贫困人口减半的目标,为推动全球减贫事业做出了突出贡献。然而,中国目前尚处于社会主义初级阶段,社会经济发展水平不高,区域发展不平衡问题凸显,制约贫困地区发展的深层次矛盾依然存在。面临的主要问题:一是扶贫对象规模大,按照2011年农村扶贫标准[①],

---

① 根据国家统计局最新发布的《中华人民共和国2011年国民经济和社会发展统计公报》,2011年中国农村扶贫标准为年人均纯收入2300元(2010年不变价)。

全国农村扶贫对象为 1.22 亿人，占当年农村户籍人口（9.55 亿人）的 12.77%，如此大规模人口的脱贫将是一项艰巨的任务；二是相对贫困问题突出，20 世纪 90 年代以来，中国的贫富差距逐渐拉大，基尼系数[①]已经超过了国际公认的警戒线（0.4），城乡居民收入差距尤其明显，2011 年城镇居民人均可支配收入（21810 元）是农村居民人均纯收入（6977 元）的 3.13 倍；三是处于贫困边缘状态的人口比重大，返贫率居高不下，据监测[②]，2009 年的贫困人口中，有 50.5% 是当年的返贫人口，贫困人口大进大出的现象非常普遍；四是主要贫困人群的类型发生了变化，减贫难度大增，中国目前的贫困人口集中分布在西南大石山区（缺土）、西北黄土高原区（土地退化、严重缺水）、秦巴贫困山区（土地落差大、耕地少、交通状况恶劣、水土流失严重）以及青藏高寒区（积温严重不足）等几类地区，恶劣的生态环境和落后的基础设施成为脱贫和致富的关键制约因素。可以说，中国的扶贫事业已经走到了另一个更高难度的攻坚阶段，在资源与环境约束下，一方面要确保提高标准后的贫困人口持续减少，另一方面要确保贫困边缘人口能致富。

2011 年底，中国国务院印发了《中国农村扶贫开发纲要（2011~2020 年）》（简称《纲要》），提出新阶段扶贫

[①] 国家统计局 2000 年公布的全国基尼系数为 0.412，2011 年 12 月发布的《中国全面建设小康社会进程统计监测报告（2011）》认为 2010 年基尼系数略高于 2000 年。

[②] 数据源自《中国农村贫困监测报告 2010》。

开发工作的主要任务是:"巩固温饱成果、加快脱贫致富、改善生态环境、提高发展能力、缩小发展差距"。根据《纲要》,中央政府将重点支持集中连片特殊困难地区发展,大力扶持革命老区、民族地区和边疆地区脱贫,将扶贫开发与环境保护、生态建设相结合,发展环境友好型产业,促进经济社会发展与人口资源环境相协调。显然,中国已认识到生态恶化和环境破坏对巩固减贫成果和深入推进扶贫开发的制约作用,将生态型贫困作为未来10年扶贫攻坚的重点,就是希望在贫困落后地区协调经济增长与资源环境保护的关系,确保经济增长的效益惠及区域所有人群,尤其是贫困人口,让更多人享受改革和发展的成果。这也是包容性发展的内涵所在。

一 生态脆弱区——中国扶贫攻坚的核心堡垒

生态学上,生态脆弱区指两种不同类型生态系统的交界过渡区域。生态脆弱区生态系统结构稳定性差,抗干扰能力弱,生态承载力低下,容易遭到破坏,是生态保护的重点领域。本文中是指生态环境变化或人类生产生活将引起土地生产力的明显下降乃至消失,进而导致经济严重衰退的地区(陈健生,2008)。中国的生态脆弱区主要分布在北方干旱半干旱区、南方丘陵区、西南山地区、青藏高原区及东部沿海水陆交接地区(环保部,2008)。生态脆弱区在地域上与集中连片特殊困难地区高度重合,是贫困发生最集中的地区，也是扶贫工作的主要目标区域。生态脆弱区自然灾害频发，防灾抗灾能力不足，对经济增长和社会发展的承载能力较低，减贫和稳定脱贫的难度都非常大。

（一）贫困主要发生在生态脆弱区

新中国成立到改革开放初期，贫困在中国是普遍现象。在家庭联产承包等一系列改革措施推动下，中国农村经济快速发展，贫困程度大幅度缓解。但仍有部分地区没能摆脱贫困，甚至难以维持最基本的生存需求。随着贫困人口的逐渐减少，贫困的区域性特征日渐明显，生态脆弱区的贫困问题才引起广泛关注。20世纪末的一项研究表明，划入生态脆弱区的县中，约有75.92%被列为贫困县；划入生态脆弱区的土地面积中，约有43.33%在贫困县范围内；划入生态脆弱区的耕地面积中，约有67.96%在贫困县范围内；划入生态脆弱区的人口中，约有75.86%生活在贫困县（李周，1994）。可见，中国的贫困问题与生态脆弱问题相关性较高，生态脆弱地区的贫困人口相对集中。

近年来，随着农村改革的深入和扶贫开发力度的不断加大，贫困人口分布的地缘性特征日益明显，集中分布在中西部的深山区、石山区、荒漠区、高寒山区、黄土高原区、地方病高发区以及水库库区，而且多为革命老区、少数民族地区和边境地区。根据国家统计局监测，2009年全国贫困人口的65.9%分布在西部地区；东部、中部和西部地区贫困发生率分别为0.5%、3.3%和8.3%，贵州、云南、西藏、陕西、甘肃、青海、新疆等西部7省（区）贫困发生率较高（均超过了5%）。显然，这些就是通常所说的生态脆弱地区，其共同特征是：地处偏远，基础设施不便，生态失调，经济发展缓慢，文化教育落后，人畜饮水困难，生产生活条件极为恶劣。

（二）生态脆弱区扶贫难度增大

一般认为，经济增长的减贫效应存在着边际递减规律，即当绝对贫困发生率下降到一个很低水平时，经济增长的减贫作用会逐渐下降，如果不在政策和措施上加强针对性，不改变扶贫方式，减贫的速度会明显降低，返贫会大范围发生。在取得令国际社会称道的扶贫成果后，中国扶贫工作目前正面临着扶贫效率降低、减贫难度增大、返贫加剧的危险。特别是在生态脆弱区，人口生存发展与生态环境保护的矛盾相当突出，减贫与生态改善目标很难兼顾。不仅如此，以增收为目标的扶贫开发必然给资源环境造成更大压力，可能导致生态环境的破坏，进而加剧生态脆弱区贫困。在社会经济可持续发展面临资源环境约束的情况下，减贫与生态改善的目标必须兼顾，这是生态脆弱区减贫难度增大的根本原因。

（三）生态脆弱区减贫成果难以巩固

返贫是指已脱离贫困或处于贫困标准线之上人口的收入重新低于贫困标准的现象。2003年中国的绝对贫困人口增加了80万人，引发社会对扶贫开发工作的质疑，也引起各界对返贫困问题的高度重视。事实上,返贫是解决贫困问题过程中常见的现象,特别对于生态脆弱区,由于贫困人口发展能力低下,发展基础较为脆弱,遇有自然灾害、生态环境变化和市场风险等外部干扰因素,很容易造成经济损失而陷入贫困(颜廷武,2005)。

自然灾害是大量返贫的主要原因,生态脆弱区又是自然灾害高发区。一方面,农业、畜牧业是贫困地区的主导产业,也是对自然条件依赖最强和受自然灾害破坏最直接的产业部门,很容易因自然灾害的发生而蒙受经济损失。中国是世界上自然灾害损失最严重的国家之一,西部生态脆弱地区自然灾害发生率极高、防灾抗灾能力很弱,减贫成果巩固相当困难。另一方面,自然灾害中人员伤亡不可避免,受灾家庭因伤、因病或因劳动力减少而陷入绝对贫困,将使后续扶贫工作更加艰难。民政部等多部门对2011年全国自然灾害情况会商分析显示,2011年中国各类自然灾害造成4.3亿人次受灾,1126人死亡(失踪),直接经济损失3096.4亿元;全国80%以上因灾造成的死亡(失踪)人口、转移安置人口、倒塌房屋分布于"老、少、边、穷"地区;分析还认为,2011年中国的自然灾害灾情较常年偏轻。可见自然灾害对中国扶贫工作的干扰与破坏作用之强,也足见生态脆弱区巩固减贫成果的难度之大。

(四)生态脆弱区贫困与生态恶化互为因果

1992年联合国环境与发展大会上,与会各国代表一致认为:第三世界的贫困是许多发展中国家生态环境恶化的根本原因，生态恶化又导致这些国家更加贫困，如此恶性循环，使发展中国家在环境与发展问题上步履维艰（王娅，1993）。事实上，贫困与生态恶化之间的关系远非如此简单，以两者之一为诱因也不一定必然形成恶性循环，其背后的决定因素是区域自然资源对人口、经济和社会发展的承载力。也就是说，当区域资源环境对人口、经济和社会发展的承载力不足时，贫困和生态恶化才相伴发生、互为因果。

对于生态脆弱区，贫困与生态恶化的因果关系非常明显。以中国北方干旱半干旱区为例，为摆脱贫困而过度耕作、过度放牧必然导致生态破坏，由此而引发的自然灾害反过来又会加剧贫困（或返贫）。如果不能改变高度依赖自然资源的生存方式，生态脆弱区人口脱贫的结果就是使生态环境承担更大的压力，变得更加脆弱。要想打破这一恶性循环，必须从改善区域生态环境、提高区域资源环境承载力入手，让生态脆弱区人口从生态治理中长期受益。

二 生态建设与减贫——中国的成效与问题

从20世纪末开始，中国加大了生态恢复与环境保护的力度，针对水土流失、土地退化等严重影响经济社会长期可持续发展的生态问题，在主要生态屏障区、大江大河源头和生态脆弱区相继启动了多项生态建设工程。目前，大多数生态建设工程都已完成一个建设周期，取得了显著的生态、社会和经济效益,但也存在诸多问题,这里仅从生态改善与减轻贫困的角度进行总结和分析。

(一) 退耕还林工程

2002年正式启动的退耕还林工程,是中国乃至世界上投资最大、涉及面最广、政策性最强、群众参与度最高的生态建设工程,主要解决重点地区的水土流失问题(李育材,2009)。实施范围包括重点水源涵养区、黄土高原水土流失区、严重岩溶石漠化地区和重点风沙区等四个类型区。根据工程相关管理规定,退耕还林以营造生态林为主,比例不得低于80%。国家无偿向退耕户提供粮食、现金补助。补助期限:还草补助2年,还经济林补助5年,还生态林补助8年;补助标准:长江流域及南方地区,退耕地每年补助粮食(原粮)150公斤/亩,黄河流域及北方地区,退耕地每年补助粮食(原粮)100公斤/亩,每亩退耕地每年生活费补助现金20元,种苗和造林费一次性补助每亩50元。2004年,中央政府决定,将退耕户的粮食补助改为现金补助,中央财政按每公斤粮食(原粮)1.40元兑现。2007年,中央政府决定继续对退耕农户给予适当的现金补助,标准为:长江流域及南方地区现金105元/亩,黄河流域及北方地区70元/亩,每亩退耕地每年20元的生活补助费不变;补助期限:生态林8年,经济林5年,还草补助2年。截至2010年底,全国累计完成退耕还林任务4.27亿亩,中央财政投资总量达4500多亿元,利益涉及工程区3200万农户、1.24亿农民。工程建设近期的主要任务是巩固已有退耕还林成果，并开展一定规模的退耕地造林、宜林荒山荒地人工造林和封山育林等。

1999年试点以来，工程进展总体顺利，成效显著，加快了国土绿化进程，增加了林草植被，水土流失和风沙危害强度减轻；退耕还林还草对农户直补政策深得人心，粮食和生活费补助成为退耕农户收入的重要组成部分，退耕农户生活得到改善。但工程建设成果巩固也面临诸多问题：一是与粮食直补、农资综合补贴和良种补贴等一系列惠农政策相比，退耕还林补贴力度渐弱，且补贴即将到期；受利益驱使，农户极有可能在退耕还林地复耕，退耕还林成果巩固面临威胁。二是退耕地收益极低，农户没有投资和经营的积极性，很难从生态改善中直接获益。仅从这两个问题来看，退耕还林工程要想继续发挥改善生态、减轻贫困、促进社会进步的作用，必须确保农户通过参与工程长期受益，且从退耕地上的收益高于其他土地利用方式。

（二）退牧还草工程

从2003年开始，中国在内蒙古、甘肃、宁夏、青海、云南、四川、西藏、新疆等8个省（区）和新疆生产建设兵团启动了退牧还草工程，目的是在给予农牧民一定经济补偿的前提下，通过围栏建设、补播改良以及禁牧、休牧、划区轮牧等措施，恢复草原植被，改善草原生态，提高草原生产力，促进草原生态与畜牧业协调发展。退牧还草实行国家、地方和农牧户相结合的投入机制。国家对退牧还草给予必要的草原围栏建设资金补助和饲料粮补助；轮牧不享受饲料粮补助政策；草原围栏建设资金和饲料粮补助数量根据草原类型和区域范围来确定。蒙甘宁西部荒漠草原、内蒙古东部退化草原、新疆北部退化草原按全年禁牧每亩每年中央补助饲料粮11斤，季节性休牧按休牧3个月计算，每亩每年中央补助饲料粮2.75斤，草原围栏建设按每亩16.5元计算，中央补助70%，地方和个人承担30%；青藏高原东部江河源草原按全年禁牧每亩每年中央补助饲料粮5.5斤，季节性休牧按休牧3个月计算，每亩每年中央补助饲料粮1.38斤，草原围栏建设按每亩20元计算，中央补助70%，地方和个人承担30%；饲料粮连续补助5年。2011年，国务院进一步完善了退牧还草政策，将围栏建设中央投资补助比例提高到80%；青藏高原地区围栏建设每亩中央投资补助提高到20元，其他地区提高到16元；补播草种费每亩中央投资补助提高到20元，人工饲草地建设每亩中央投资补助160元，舍饲棚圈建设每户中央补助投资3000元。

  10多年来，退牧还草工程进展顺利，建设质量基本达到要求。工程使得草原得以休养生息，生态状况明显改善，对推进草原畜牧业生产方式的转变和牧区经济发展起到了积极的推动作用，深受地方政府和广大牧民群众欢迎。监测显示，工程区内的平均植被盖度为64%，比非工程区提高12个百分点；高度、鲜草产量和可食鲜草产量分别为21.3厘米、3185公斤/公顷和2713.5公斤/公顷，比非工程区分别提高36.2%、75.1%和84.1%（王艳华，2011）。但政策执行过程中也存在一些问题：一是补助不足以弥补农牧户的投入和损失，如果完全补偿农牧户在工程中的损失，工程投入将是天文数字；二是当前的治理力度并不能扭转因超载过牧而导致的草原退化，更多严重退化的草地未能休养生息。因此，如果不能改变农牧区经济发展方式，不能改变农牧民高度依赖农业、畜牧业而生存的现状，中国的草原退化将会日益严重，北方干旱半干旱草原地区将很难摆脱贫困。

（三）天然林资源保护工程

2000年正式启动的天然林资源保护工程（下文简称"天保工程"），是中国林业由以木材生产为主向以生态建设为主转变的重要标志，主要解决长江上游、黄河上中游地区，以及东北、内蒙古等重点国有林区和其他地区的天然林资源保护、休养生息和恢复发展问题。工程建设的主要任务：一是全面停止长江上游、黄河上中游天保工程区天然林采伐，调减东北、内蒙古重点国有林区木材产量；二是严格管护天保工程区内有林地、灌木林地和未成林造林地；三是加快工程区公益林建设。天然林禁伐和木材产量调减后，工程区面临的最大问题是林业企业富余职工安置和林区社会保障。工程通过安排森林管护、公益林建设等任务和一次性安置分流林业职工，通过提供社会保险补助、政策性支出补助和财政转移支付等弥补林业职工、森工企业和地方政府因天保工程实施的损失。因此，天保工程既是生态建设工程，也是林区最大的民生工程。2011年，天保工程二期启动，继续一期主要建设任务，增加了国有中幼龄林抚育任务，目的是实现森林资源从恢复性增长进一步向提高森林质量转变，通过实施生态建设和提高工程投入标准，增加林区就业，提高职工收入，完善职工和林区居民社会保障体系。

天保工程一期建设进展顺利，天然林得到了有效保护，工程区生态状况明显好转，林区产业结构不断优化，民生持续改善，社会和谐稳定，森工企业改革成效显著，得到了林区人民的积极支持。但从天保工程区社会经济长期可持续发展的角度考虑，以工程的方式保护天然林资源存在以下问题：一是保护作为生态屏障的天然林，需要长期稳定的投入机制和专业的管护队伍，天保工程显然还是临时性措施；二是天然林保护政策曾是工程区居民陷入贫困的直接原因，也将是限制工程区经济社会发展的重要因素，如何协调生态保护与经济发展的关系，至今仍是困扰工程管理者的核心问题。显然，如果工程区居民生存与发展因生态保护受到诸多限制，或不能从生态改善中持续受益，这对工程区居民非常不公平，也是难以持续的生态保护模式。

（四）京津风沙源治理工程

2002年启动的京津风沙源治理工程是环京津生态圈建设的主体工程，主要解决首都周围地区的风沙危害问题。根据各地区生态问题成因差异，工程区划分为四个类型（治理区），即北部干旱草原沙化治理区、浑善达克沙地治理区、农牧交错地带沙化土地治理区和燕山丘陵山地水源保护区。不同类型采取不同的技术措施和治理对策：一是强化草原管理，加强草场建设，改进牧业生产方式，改良草场，提高草场生产力；二是在保护好现有林草植被的基础上，加快草原建设，扩大林草植被，固定活化沙丘，遏制沙地的活化趋势；三是禁垦限牧、扩大植被，加大封育治理力度，加快植被恢复，在沙化严重地区实行退耕还林；四是封禁保存现有森林，在荒山荒地营造乔、灌、草结合的复层水源涵养林。2011年起，工程进入建设成果巩固阶段，在各项任务总体推进的同时，强化治理区域和植被恢复方式的针对性。"十二五"期间主要任务是开展退耕还林（均为一期规划剩余任务）、人工造林、封山育林和飞播造林等。

京津风沙源治理工程实施10多年来，环京津沙化治理成效显著。一是初步建立了京津地区生态防护体系，京津工程区已经从沙尘暴加强区变为减弱区，2010年全国草原监测结果表明，工程区内植被盖度比非工程区平均提高15个百分点；二是风沙天气明显减少，生态环境得到明显改善；三是工程区的生物多样性指数显著上升，植被生态系统的稳定性增强；四是沙化土地明显减少，蓄水保土功能增强；五是经济社会稳步发展，可持续发展能力不断增强，工程建设对区域可持续发展的贡献率保持在23.0%~28.3%。与退耕还林工程相似，京津风沙源治理工程成果巩固同样受到来自惠农政策的挤压，由于退耕补助已实际低于种粮综合收益，农户更倾向于复耕，或增加牲畜饲养，工程区生态破坏有可能再次发生。显然，京津风沙源治理工程区经济社会发展依然高度依赖于土地、水等自然资源，为了实现经济增长，资源利用方式必须紧随政策而变化，这是生态保护与建设工程难以持续受到农户支持的根本原因。

（五）野生动植物保护及自然保护区建设工程

2001年启动的野生动植物保护及自然保护区建设工程，是一个面向未来、着眼长远、具有多项战略意义的生态保护工程，主要解决基因保存、生物多样性保护、自然保护、湿地保护等问题。通过实施《全国野生动植物保护及自然保护区工程建设总体规划》，拯救大熊猫、朱鹮、虎、金丝猴、藏羚羊、亚洲象、长臂猿、麝、野生雉类、苏铁、兰科植物等15大珍稀濒危野生动植物种；拯救和恢复极度濒危的40种野生动物和120种极小种群野生植物及其栖息地，强化就地、迁地和种质资源保护，对人工繁育成功的30种野生动物和20种极小种群野生植物实施野外回归；加强野生动植物科研、种质资源收集保存、救护繁育，扩大、完善和新建一批国家级自然保护区、禁猎区和种源基地及珍稀植物培育基地，恢复和发展珍稀物种资源。最终形成一个以自然保护区、重要湿地为主体，布局合理、类型齐全、设施先进、管理高效、具有国际重要影响的自然保护网络。

截至2010年底，全国林业系统自然保护区已达2035处，总面积1.24亿公顷，占国土面积的12.89%；累计投入资金59.28亿元，其中国家投资33.86亿元（国家林业局，2011）。工程的实施，促使朱鹮、扬子鳄等珍稀野生物种保护、繁育基础设施得以改善，强化了野生动物救护繁育能力，加强了野生物种放归自然基础设施建设，提高了野生动物保护管理能力，促进了部分濒危野生动物种群的增长和扩大。与其他生态工程不同的是，野生动植物保护及自然保护区建设工程的目标比较单一，就是为了保护珍稀野生动植物种群及其栖息地，对保护区周边民生问题没有给予充分考虑。此外，野生动物种群增加后，农户庄稼破坏和牲畜伤亡事件频发，目前对此类事件的补偿严重不足，农户对保护区非常不满。

总体上，中国目前的生态保护与建设工程对于生态环境改善起到了至关重要的作用，工程政策能够兼顾区域减贫和农户增收目标，也取得了令人满意的阶段性成果。但从长远来看，如果不改变生态脆弱区高度依赖自然资源的落后发展方式，不能让区域人口在生态改善中持续受益，以工程实现生态保护与恢复就只能是短期手段，如此的生态改善和减贫都很难形成长效机制。

三 包容性发展——兼顾生态改善与减贫目标的发展模式

目前，中国在生态脆弱区的生态治理与消除贫困陷入了相互冲突、相互制约的两难境地。一方面，生态型贫困已成为中国贫困人口的主体，生态环境持续改善才能根除贫困问题；另一方面，中央财政扶持下的大规模生态建设工程，在取得阶段性成果后将面临民生问题的严峻挑战，如果没有各级财政资金的持续投入和生态保护政策的严格约束，工程区农户将会为生计和发展而继续破坏生态环境。因此，中国生态脆弱区的生态治理与扶贫战略必须做出调整，两者目标不仅要兼顾，更重要的是能相互协调、相互促进，变恶性循环为良性互动。即应探索生态脆弱区的包容性发展模式，使得生态改善与减贫既成为生态脆弱区发展的目标，也作为实现社会经济可持续发展的手段。

（一）包容性发展的内涵

包容性发展（inclusive development）是针对减缓贫困而提出的经济发展方式，由亚洲开发银行、世界银行等致力于消除贫困的国际机构首先使用，后被越来越多发展中国家重视和接受。随着对经济增长、不平等与减缓贫困之间关系认识的不断深入，相关研究认为，不平等加剧使得经济增长的成果难以惠及所有人（特别是穷人），是导致经济增长无法持续减缓贫困的根本原因。包容性发展作为对策而提出，强调建立具有包容性的制度，提供广泛的机会，消除贫困者权利贫困和所面临的社会排斥，实现机会平等和公平参与，使包括贫困人口在内的所有群体均能参与经济增长，为之做出贡献，并且能够合理分享成果，进而实现每一个人自身的全面发展（龙朝阳，2012）。

机会平等与成果共享是包容性发展的核心内涵。"包容"是对经济增长过程与结果的基本要求，具体讲有三层含义：一是要让经济增长惠及所有人群，特别是穷人。这是包容性发展的重要目标，也是实现持续减贫的必要条件。二是要让每个人平等地面对发展机会。这是包容性发展的制度保障，也能够充分激发社会各阶层的积极性，提升经济增长的效率。三是要在参与经济增长过程中提高个人的发展能力，确保减贫的可持续性。

（二）多目标协调是包容性发展的本质要求

以持续性减贫为目标，包容性发展首先需要保持经济的高速增长，同时也要减少与消除机会的不平等以实现经济增长成果的共享。然而现实中经济增长很难兼顾效率与公平，在两者之间找到平衡也是非常困难的事情。更何况经济增长仅是减贫的必要条件，消除贫困也会与特定区域社会发展的其他目标（如生态保护）存在冲突，此时的"包容性"则表现为区域多目标的协调，一是要化解多目标的冲突，确保有序实现；二是要使多目标优势互补，节约社会成本。可见，包容性发展就是要在多目标协调的基础上，以最低成本实现社会经济的可持续发展。

（三）化解生态改善与减贫目标冲突需要包容性措施

前文对于中国生态工程成效与问题的分析中，我们认为：工程区居民不能从生态改善中持续受益，是生态工程难以持续、生态脆弱区生态保护缺乏长效机制的主要原因；而高度依赖自然资源的落后发展方式，是生态脆弱区减贫成果难以巩固的根源。如果没有来自外部、持续增加的投入（如工程投资、扶贫资金），生态建设和扶贫开发都将很难深入开展下去。这是因为生态改善与减贫之间存在着区域自然资源的保护与利用之争；如果不能有效协调两者目标冲突，生态改善不仅不能带动区域经济增长，甚至会长期制约经济增长，进而加剧贫困。

化解生态脆弱区生态改善与减贫之间目标冲突，就是要从协调资源保护与利用关系入手。借鉴包容性发展的理念，在区域内，要让居民有平等参与生态治理的机会，并分享到生态治理的成果，就是从生态改善中持续受益；在区域外，能够得到对区域生态改善外部性的合理补偿，从而促进区域增长和减轻贫困。事实上，目前中国生态工程区居民没有得到平等参与工程建设的机会，仅从承担的简单劳务中获得了有限的劳务费（如退耕补助、森林管护补助），对丧失的机会成本没有得到足额补偿。因此，我们应该从全新的视角审视中国的生态治理与扶贫战略，通过制度创新协调两者之间的目标冲突，使之能够相辅相成，步入良性循环。

四 生态减贫——中国突破减贫瓶颈的必然选择

目前，中国正在实施新一轮的扶贫开发规划，扶贫对象以生态型贫困人口为主，扶贫开发已经从解决温饱为主要任务的阶段转入巩固温饱成果、加快脱贫致富、改善生态环境、提高发展能力、缩小发展差距的新阶段。从某种意义上讲,生态脆弱区的贫困问题就是生态问题,贫困的发生和贫困的程度与生态环境状况有着密切的关系(刘艳梅,2005)。因此,生态脆弱区扶贫必须从改善生态环境、提高区域资源与环境承载力入手,协调生态改善与减贫目标,实施生态减贫战略。

所谓生态减贫,就是通过保护和恢复贫困地区的生态环境,转变贫困地区的经济发展方式,结束贫困与生态破坏的恶性循环,兼顾生态改善和减贫战略目标,是针对生态型贫困地区,借鉴包容性发展理念的一种扶贫开发模式。考虑到以往生态工程中存在的工程区居民参与度不高、经济发展受到生态保护政策限制、生态改善成果难以惠及贫困人口等问题,结合中国当前扶贫工作的阶段特点,我们认为,生态减贫战略应包含以下要点。

(一) 生态改善是治贫的根本和发展的根基

生态脆弱地区经济社会发展的瓶颈在于资源与环境承载力低下,合理利用资源、改善生态环境是实现区域可持续发展的唯一出路。生态脆弱地区贫困的成因很多,既有资源获取不足的收入贫困,也有发展能力低下的能力贫困,更有机会长期不均等而造成的权利贫困。在生态恶化的过程中,穷人比富人的损失更大,受害更直接,因为生态恶化会进一步压缩穷人的生存空间,使其可获取的资源和面临的发展机会更少,贫困程度加深。也就是说,生态改善才是缓解贫困的根本措施。

在生态得不到持续改善的情况下,"输血式"扶贫只能维持贫困人口在较低水平下的生存问题，但政府会为此而长期背上沉重的包袱，是低效率和不可持续的扶贫方式；"开发式"扶贫则可能继续破坏生态环境，陷入贫困与生态破坏的恶性循环。在生态脆弱区资源与环境承载力没有明显提升之前，以减轻贫困为目的、促进经济增长与区域发展的手段，都将是无源之水，没有稳定的基础。

（二）贫困人口的平等参与是生态持续改善的前提

直观上看，生态型贫困发生的原因是人口压力过大，导致生态环境遭到持续破坏而日益恶化，但更深层次的原因是存在"政策缺陷"，是不公平的政策将部分发展能力较差的人口排除在发展进程之外，导致区域发展失衡加剧的结果。正是因为惧怕贫困人口的参与会影响生态改善的效果，在天保工程、野生动植物保护及自然保护区建设工程等大规模生态建设工程中，当地居民往往被视为工程建设的负担，单独安排补助资金解决其生计问题；居民也理所当然将生态工程视为扶贫工程，要求补偿工程建设对其经济活动干扰造成的损失。显然，居民被排除在生态建设工程之外，会增加工程建设的成本，却不能从根本上减轻当地人口生存与发展对资源环境的压力，是工程政策缺乏包容性所致。

实施生态减贫战略，最重要的是立足于区域资源，包括自然资源和人力资源，充分调动一切积极因素，努力改善生态环境，筑牢生态脆弱区减贫和发展的基础。事实上，贫困人口对于改善生态环境更有积极性，因为他们是生态恶化的直接受害者，更希望从生态的持续改善中扩展自身的发展空间和提升发展的能力，因而是区域生态改善的持久动力。

（三）生态经济是生态改善与减贫的动力

快速的经济增长是减贫的必要条件，也是生态改善的核心动力。生态脆弱区的经济发展，首先要从改善生态环境入手，优先发展生态产业，使之成为生态脆弱区的支柱产业。生态经济的建设过程，就是生态型贫困地区的经济结构转型、生产生活方式转变，以保护和建设贫困地区生态环境的过程（黄颂文，2004）。生态经济发展不会直接破坏区域生态环境，对自然资源直接消耗的依赖性较低，是适合生态脆弱区发展的朝阳产业。

生态脆弱区的优势在于其特色物产和景观资源，依托这些特色资源发展生态经济，可以带动区域就业，且具备竞争优势，能够吸引外来投资，是兼顾促进区域经济增长和生态环境保护目标的经济发展方式。生态脆弱区可发展的生态产业较多，如生态农业、农林牧复合经营、生态旅游等，是适合贫困人口参与、扶贫见效快和有益于生态改善的发展方式。

（四）生态补偿是生态改善成果共享的回馈

生态脆弱区生态环境恶化不仅导致当地的贫困，而且会在整个生态系统内蔓延。如果恶化的生态环境得不到及时治理，在各种自然力（风、水流）等作用下，必然导致周边生态环境的破坏和恶化。目前，中国的生态工程主要解决全国性或重点区域的生态问题，如退耕还林工程、京津风沙源治理工程，工程区生态改善对于周边区域的正外部性非常明显。作为生态屏障，生态脆弱区应该得到补偿，作为周边区域分享良好生态服务的回馈，也是对生态脆弱区生态治理的支持。

生态补偿是平衡生态保护相关主体利益关系的经济手段，也是生态扶贫战略的重要组成部分，是生态脆弱区从生态保护和生态改善中直接获益的保障。中国的生态补偿机制还处在起步阶段，以中央财政投入为主，象征性地对生态区位重要的森林、草地和湿地等进行补助。因此，生态补偿可以作为生态扶贫战略探索的重点领域，通过建立不同层面的生态补偿机制，生态脆弱区可以获得外部经济支持，更好地实现生态改善和扶贫目标。

参考文献

[1] 陈健生：《生态脆弱地区农村慢性贫困研究》，西南财经大学，2008。

[2] 国家林业局：《中国林业发展报告 2011》，中国林业出版社，2011。

[3] 国家统计局：《中国农村贫困监测报告 2010》，中国统计出版社，2010。

[4] 环境保护部：《全国生态脆弱区保护规划纲要》，2008。

[5] 黄颂文：《西部民族地区农村反贫困的思路》，《学术论坛》2004 年第 4 期。

[6] 李育材：《退耕还林工程是中国生态文明建设的伟大实践》，《林业建设》2009 年第 5 期。

[7] 李周，孙若梅：《生态敏感地带与贫困地区的相关性研究》，《中国农

村观察》1994年第5期。

[8] 刘艳梅:《西部地区生态贫困与生态型反贫困战略》,《哈尔滨工业大学学报》(社会科学版) 2005 年第 6 期。

[9] 龙朝阳:《经济增长、民生建设与包容性发展》,《经济学家》2012 年第 3 期。

[10] 王娅:《贫穷与环境——摆脱恶性循环》,《中国人口资源与环境》1993 年第 2 期。

[11] 王艳华、乔颖丽,《退牧还草工程实施中的问题与对策》,《农业经济问题》2011 年第 2 期。

[12] 颜廷武:《返贫困:反贫困的痛楚与尴尬》,《调研世界》2005 年第 1 期。

图书在版编目(CIP)数据

包容性发展与减贫/左常升主编.—北京：社会科学文献出版社，2013.5
（国际减贫与发展丛书）
ISBN 978-7-5097-4489-5

Ⅰ.①包… Ⅱ.①左… Ⅲ.①扶贫-经济发展-研究报告-中国 Ⅳ.①F124

中国版本图书馆 CIP 数据核字（2013）第 067813 号

·国际减贫与发展丛书·
包容性发展与减贫

主　　编 / 左常升	
副 主 编 / 黄承伟　何晓军　王小林	

出 版 人 / 谢寿光
出 版 者 / 社会科学文献出版社
地　　址 / 北京市西城区北三环中路甲29号院3号楼华龙大厦
邮政编码 / 100029

责任部门 / 经济与管理出版中心（010）59367226	责任编辑 / 恽　薇
电子信箱 / caijingbu@ ssap. cn	责任校对 / 杨　楠
项目统筹 / 恽　薇　蔡莎莎	责任印制 / 岳　阳

经　　销 / 社会科学文献出版社市场营销中心（010）59367081　59367089
读者服务 / 读者服务中心（010）59367028

印　　装 / 三河市尚艺印装有限公司	
开　　本 / 787mm×1092mm 1/16	印　张 / 13.5
版　　次 / 2013年5月第1版	字　数 / 139千字
印　　次 / 2013年5月第1次印刷	
书　　号 / ISBN 978-7-5097-4489-5	
定　　价 / 45.00元	

本书如有破损、缺页、装订错误，请与本社读者服务中心联系更换

版权所有　翻印必究